Schönheitstips von A bis Z

ratgeber ht

Alte Papyrusfunde aus dem Jahre 5000 v. Chr. beweisen, daß sich schon damals die Menschen um Schönheitspflege und Kosmetik kümmerten, wenn auch erst in unserer Zeit die wissenschaftlichen Grundlagen für eine sinnvolle Anwendung geschaffen wurden. „Toilette einer vornehmen Dame" - so heißt das Thema dieses Stichs des französischen Kupferstechers Le Blon aus dem 17. Jahrhundert.

Schönheitstips von A bis Z

Von Rita Danyliuk

Humboldt-Taschenbuchverlag

humboldt-taschenbuch 203
70 Zeichnungen
3 Fotos: Burda Bilderdienst
Umschlagbild: Arthur Wehner, grafik-dienst

Druck: Presse-Druck Augsburg
Printed in Germany
ISBN 3–581–66203–5

2 3 4 5 * 7 5 4

Vorwort

»Spieglein, Spieglein an der Wand, wer ist die Schönste im ganzen Land?«

Zu allen Zeiten haben Frauen diese Frage gestellt. Was ist eigentlich Schönheit? Ein klarer Teint und regelmäßige Gesichtszüge, meinen die einen; Schönheit ist ein strahlendes Lächeln, sagen die anderen. Oder es heißt: Schönheit ist Anmut. Der Begriff ist für jedermann ein anderer, und auch das Bild der Schönheit hat sich im Lauf der Zeit immer wieder geändert.

Nur die grundsätzlichen Methoden der Schönheitspflege sind geblieben und uns zum Teil aus Jahrtausenden überliefert. Zusammen mit den neuesten Erkenntnissen aus Forschung und Wissenschaft hat die moderne Frau alle Möglichkeiten in der Hand, schön und anziehend zu sein.

Schönheit ist Harmonie. Nicht nur Übereinstimmung von Form und Farbe, vielmehr Harmonie zwischen Seele, Geist und Körper. Schönheitspflege heißt Seelenpflege, Gesundheitspflege, Körperpflege.

Schönheit ist weder Luxus, noch – auf die Dauer gesehen – Glückssache. Sie läßt sich erlernen und bewahren. Mit Klugheit und Selbstdisziplin.

A

Abnehmen

Langsames Abnehmen ist die dauerhafteste und für den Organismus schonendste Methode. Bei zu schnellem Abnehmen verlieren Muskeln und Haut ihre Straffheit, es entstehen Falten. Auch gesundheitliche Schäden können sich einstellen. Meiden Sie Übertreibungen und Gewaltkuren jeder Art. Der sicherste und zugleich schnellste Weg ist:
Weniger essen, weniger trinken.
Sich nie richtig satt essen, nur um ein auf dem Papier vorgeschriebenes Idealgewicht zu erreichen oder zu halten, ist nicht richtig. Versuchen Sie, durch Maßhalten, mit Einschaltung kleiner Diätkuren, ohne übermäßige Anstrengung das Gewicht zu bekommen, das Ihrer Gesundheit und Ihrem Wohlbefinden am zuträglichsten ist.
Jede Frau hat ihr persönliches Gewicht, das ihrem Typ und Temperament sowie ihrem Knochenbau entspricht, das sie schön und anziehend macht.
Das Barometer für Ihr Idealgewicht ist Ihr Wohlbefinden. Beginnen Sie mit Diätkuren nur, wenn Sie gesund sind und niemals, wenn Ihr Körper übermüdet ist. Befragen Sie vor Diätkuren immer Ihren Arzt.
Zu empfehlen sind Diätkuren am Wochenende (s. Wochenendkuren), sowie Diättage nach Feiertagen, Parties und im Frühling.

Tips:

- Kaufen Sie sich eine Waage und kontrollieren Sie täglich Ihr Gewicht.
- Hängen Sie ein Foto, das Sie sehr ungünstig zeigt, über Ihrem Eßplatz auf.
- Drosseln Sie die Kalorien- und Flüssigkeitszufuhr.

- Salzen Sie nur wenig, Sie werden nur aufgeschwemmt. Salz bindet Wasser im Körper.
- Sprechen Sie aber vor Beginn jeder Kur auf jeden Fall mit Ihrem Arzt!
- Nehmen Sie viel Eiweiß, Vitamine und Mineralstoffe zu sich. Eiweiß ist unter anderem enthalten in magerem Fleisch, in Fisch, Milch, Eiern, Quark, Käse, Hülsenfrüchten. Tierisches Eiweiß ist vollwertiger als pflanzliches (s. Nährwerttabelle S. 183).

Vitamine: (s. Vitamintabelle und Nährwerttabelle)
Essen Sie als Ergänzung Ihrer sonstigen Nahrung täglich ein Bündel Petersilie, klein gehackt auf Brot oder in Suppen und Saucen. Petersilie ist reich an Vitaminen und Mineralstoffen.

Genormte Zahlen geben Ihnen einen Anhaltspunkt:

Die tägliche Kaloriennorm für Erwachsene liegt zwischen 2000–2500 Kalorien (s. Kalorientabelle). Der tägliche Fettverbrauch inklusive verstecktem Fett in Fleisch, Wurst usw. soll 75 Gramm nicht übersteigen. Die Flüssigkeitsmenge einschließlich versteckter Flüssigkeit, z. B. in Kartoffeln, im Brot usw. darf täglich bis zu 2 Litern betragen. Kohlenhydrate sollen Sie in geringen Mengen zu sich nehmen. Sie sind enthalten in Mehlspeisen, Teig- und Backwaren und in allen Süßigkeiten.

Wenn Sie langsam, aber sicher abnehmen wollen:

- Drosseln Sie die Kalorienzufuhr auf ca. 1800–2000 Kal. tägl.
- Verringern Sie nicht die tägliche Eiweißmenge.
- Nehmen Sie nicht mehr als 1 Liter Flüssigkeit täglich zu sich.
- Sorgen Sie für gute Ausscheidung; der Körper soll die mit dem Trinken eingenommene Menge zuzüglich 200 Gramm ausscheiden.

- Reduzieren Sie die tägliche Menge an Reis, Kartoffeln, Teigwaren und Brot.
- Fett, Mehl- und Süßwaren sind nur in geringen Mengen erlaubt.
- Trinken Sie nicht während des Essens, dafür aber zwischen den Mahlzeiten; am besten Mineralwasser, es aktiviert die Ausscheidung.
- Alkohl sollten Sie meiden und durch Fruchtsäfte und Mineralwasser ersetzen.
- Saucen müssen Sie ganz aus Ihrem Speisezettel streichen.
- Streng verboten sind alle Naschereien zwischen den Mahlzeiten.
- Gewöhnen Sie sich an langsames Kauen. Sie essen weniger, und Sie verdauen besser.

Wenn Sie diese Punkte befolgen, werden Sie, ohne zu hungern, 2–3 kg abnehmen, bis Sie Ihr Individualgewicht erreicht haben.

Unterstützen Sie die Diät durch genügend Bewegungsausgleich und maßvollen Sport:

Gehen Sie zweimal wöchentlich schwimmen.
Machen Sie täglich mindestens einen 15minütigen Fußmarsch und mindestens 10 Minuten Gymnastik.
Gymnastik und Sport begünstigen den Erfolg der Diät. Zusätzlich wird für gute Durchblutung gesorgt, Muskeln und Haut bleiben straff, der Körper entschlackt sich, und der gesamte Organismus wird positiv beeinflußt.

Diätkuren – nur mit Vorsicht:

Sollten Sie trotz alledem nicht abnehmen, suchen Sie einen Arzt auf. Vermeiden Sie in jedem Fall Gewaltkuren und langanhaltende, strenge Diät. Gewaltsames und zu schnelles Abnehmen bedeutet eventuell den Verlust von Gesundheit und Schönheit.

Abreibungen

Kalt- und Warmwasser-Abreibungen, sowie Wechselduschen zählen zu den zehn Geboten der Schönheitspflege. Regelmäßig und richtig angewendet, verzögern sie den Alterungsprozeß. Sie benötigen dazu zur Not weder Bad noch Dusche. Es genügt eine einfache Schüssel.

Wenn Sie nicht zu zimperlich sind, stellen Sie sich in die Wanne oder Schüssel und seifen schnell den ganzen Körper ein. Dann massieren Sie mit einem Waschlappen von unten nach oben kreisförmig den ganzen Körper und bringen auf diese Weise die Seife zum Schäumen. Anschließend spülen Sie mit frischem, lauwarmem oder besser mit kaltem, fließendem Wasser die Seife ab und massieren mit der Bürste oder dem Massagehandschuh fest und schnell die Beine von unten nach oben, das Gesäß, den Bauch, dann die Arme von den Fingerspitzen zu den Schultern. Zum Schluß bearbeiten Sie sanft und kreisförmig die Brust, den Rücken reiben Sie mit einer Stielbürste ab.

Tauchen Sie den Handschuh oder die Bürste immer wieder in das frische Wasser.

Wenn Sie frösteln, brechen Sie sofort ab.

Am Abend trocknen Sie sich nicht ab. Hüllen Sie sich in Ihren Bademantel und legen Sie sich schnell ins Bett. Es ist ein herrliches Schlafmittel.

Am Morgen machen Sie dieselbe Abreibung ohne Seife und mit erfrischender Hautlotion oder Körperöl. Selbst nach einer kurzen oder schlecht verbrachten Nacht werden Sie dadurch frisch und munter.

Äderchen, erweiterte

Meistens leiden Frauen mit trockener Haut darunter. Sie können aber auch bei fetter oder Akne-Haut auftreten. Verwenden Sie zur Pflege die im Handel käuflichen Spezialpräparate. Schützen Sie die Haut vor direkter Sonnenbestrahlung, vor heiß-kalten Wechselkompressen sowie stark alkoholhaltigen Gesichtswassern. Gehen Sie nicht in die Sauna und schützen Sie die Haut vor Wind, Eis, Schnee und starken Temperaturschwankungen durch die richtigen Präparate. Gesichtsgymnastik und leichte Trockenmassage begünstigen den Heilungsprozeß. Bei unsachgemäßer Behandlung können sich die erweiterten Äderchen zur Couperose (s. dort) entwickeln.

Akne

Hautspezialisten versichern: Akne (Hautausschlag) ist zu 90% heilbar. Akne tritt nur bei fettiger Haut auf, und zwar im Gesicht, am Hals, am Rücken und am Oberarm. Sie wird von einer Überfunktion der Talgdrüsen begünstigt. Die Ursache der Akne ist noch nicht geklärt. Oft liegen Hormonstörungen vor. Eine Ursache kann auch der übermäßige Genuß von Süßigkeiten sein. Falsche Ernährung, schlechte Verdauung, aber auch die Einnahme verschiedener Medikamente können Akne fördern.

Im Anfangsstadium:

Bei noch nicht entzündeten, schwarzen Punkten verwenden Sie äußerlich Spezialmittel aus der Apotheke zur Reinigung und Pflege. Beachten Sie genau die Gebrauchsanweisung. Waschen Sie das Gesicht morgens und abends mit Spezialseife oder Waschcreme, spülen Sie zuerst mit warmem, dann mit kaltem Wasser nach, tupfen Sie mit weichem Handtuch das Gesicht ab und desinfizieren und trocknen Sie mit alkoholhaltigem Gesichtswasser, auf einen Wattebausch geträufelt, nach. Am Abend verwenden Sie Special-Aknecreme.

Heilend wirken Waschungen mit Kamillen- und Salbeitee sowie Schwefelpuder. Tragen Sie wöchentlich einmal eine Akne-Maske auf. Bereiten Sie Kompressen mit warmem Wasser, Salbei- oder Kamillentee und drücken Sie anschließend die schwarzen Punkte aus. Ein Gesichtsdampfbad begünstigt das Ausdrücken, weil dadurch die Poren geöffnet und die Hornschicht erweicht wird (s. Kompressen).

Entfernen der schwarzen Punkte:

Betupfen Sie die betreffende Stelle mit reinem Alkohol, den Sie auf einen Wattebausch geträufelt haben. Dann umwickeln Sie beide Zeigefinger mit einem Papiertuch und drücken die schwarzen Punkte aus. Anschließend desinfizieren Sie die Stellen wieder mit reinem Alkohol.

Im fortgeschrittenen Stadium:

Ist Ihr Gesicht voll mit Pickeln und Entzündungen, gehören Sie in ärztliche Behandlung. Lassen Sie diese nur durch einen Hautarzt oder eine erfahrene Kosmetikerin vornehmen.
Die Pickel dürfen Sie nicht aufkratzen. Es besteht Gefahr der Selbstinfektion. Verstecken Sie sie auch nicht unter einer dicken Schicht von Make-up. Lassen Sie so viel wie möglich Luft und wenn möglich auch Sonne heran. Bei Verwendung von Make-up benutzen Sie eine Spezial-Unterlage.
Achten Sie bei Akne immer auf besondere Sauberkeit. Waschlappen und Handtuch dürfen nur einmal verwendet werden.
Unterstützen Sie die ärztliche Behandlung durch reichlichen Genuß von Vitamin A und Vitamin B (s. Vitamintabelle).
Meiden Sie Süßigkeiten aller Art, Fett und Wurst, fette und scharf gewürzte Speisen, Weißbrot, Schokolade, Alkohol und Bohnenkaffee. Essen Sie viel Obst und Gemüse, Quark, mageres Fleisch, Joghurt, und trinken Sie Mineral- und Fruchtsäfte, denen Sie Bierhefe aus dem Reformhaus beimengen. (Für ein Glas Flüssigkeit einen Teelöffel Hefe.) Nehmen Sie sich Zeit zum Essen, kauen Sie langsam.
Spaziergänge in reiner Luft begünstigen den Heilungsprozeß. Setzen Sie die betroffenen Stellen oft der Sonne aus.
Akne-Schaum, im Handel erhältlich, zart einmassiert, trocknet

die Unreinheiten aus und bringt Entzündungen zum Abheilen. Machen Sie 1–2mal wöchentlich ein Kamillendampfbad. Bei schweren Fällen von Akne sind Schälkuren zu empfehlen. Eine biologische Schälkur können Sie selbst durchführen; die chemische Kur kann nur unter Aufsicht eines Arztes angewendet werden (s. Schälkuren).

Alkohol

Alkohol, im Übermaß genossen, ist gesundheits- und schönheitsschädlich. Bereiten Sie sich und Ihren Gästen schmackhafte, alkoholfreie Gesundheits- und Schönheitscocktails, Ihrer Phantasie sind keine Grenzen gesetzt, und trinken Sie frische Obst- und Gemüsesäfte (s. Cocktails, Schönheitscocktails).

Alter

Das Altern ist ein natürlicher Vorgang im Körper. Durch gesunde und vernünftige Lebensweise können Sie diesen Prozeß verzögern; ungesunde oder ausschweifende Lebensart beschleunigen den Alterungsprozeß. Es tritt vorzeitiges Altern ein.
In Frankreich sagt man treffend: Mit 40 Jahren haben Sie das Gesicht, das Sie verdienen.
Man sollte ergänzen: Mit 40 Jahren haben Sie den Körper, den Sie verdienen. Das Gesicht, ein Teil des Körpers, zeigt nur am auffallendsten, wie weit der Prozeß des Alterns fortgeschritten ist. So jung und so alt, wie Ihr Gesicht aussieht, so jung oder so alt ist Ihr Körper, und so fühlen Sie sich auch. Ihre Figur, Ihre Beine, der Gang, die unkontrollierten Bewegungen drücken oft mehr aus als ein mit Make-up junggetünchtes Gesicht. Kosmetik muß sich daher immer auf den ganzen Körper erstrecken, zugleich Gesundheitspflege, Hygiene, Seelenpflege und Schönheitspflege sein.

Vorbeugen ist besser als heilen:

Ein 10jähriges Mädchen soll:
- täglich den ganzen Körper waschen
- nach jeder Mahlzeit die Zähne putzen
- jeden Tag die Haare gründlich bürsten
- richtig atmen

Ein 14jähriges Mädchen:
- geht regelmäßig zum Zahnarzt
- schiebt nach jedem Händewaschen die Nagelhaut mit einem Holzstäbchen zurück
- trägt täglich eine leichte Pflegecreme als Schutz vor Witterungseinflüssen auf
- schwimmt einmal wöchentlich
- achtet auf gute Haltung
- duldet keine Unsauberkeiten

Ein 20jähriges Mädchen:
- entfernt die Achselhaare
- pflegt täglich die Brust
- verwendet ein Deodorant
- nimmt sich 30 Minuten wöchentlich Zeit zur Maniküre und Pediküre

Eine 30jährige Frau soll:
- das tägliche Schönheitsprogramm strikt einhalten
- Sport treiben
- einmal wöchentlich einen Diättag einschalten
- für richtigen Ausgleich zwischen Arbeit und Ruhe sorgen

Eine Frau ab 40 Jahren soll:
- nicht bis zur Übermüdung arbeiten
- ihre Nervosität beherrschen
- auf genügend Schlaf und Entspannung achten
- Anstrengungen jeder Art, auch übermäßigen Sport, meiden.

Treiben Sie täglich mindestens 15 Minuten Gymnastik. Wenn Ihre Figur jung und gelenkig ist, sind auch Sie es. Strahlen Sie Optimismus und Freude aus. Seien Sie immer liebenswürdig, auch wenn Sie keine Zeit haben und selbst nach einem anstrengenden Arbeitstag. Lächeln Sie, das macht Ihren Mund hübscher. Umgeben Sie sich mit jungen Menschen, denken Sie jung! Überwachen Sie Haltung, Gang, Diät, atmen Sie richtig, reiben Sie sich täglich mit kaltem Wasser oder trocken ab, leben Sie gesund (s. Atmen, Diät, Gang und Haltung).

Gelenkigkeitsübungen machen Sie munter:

- Machen Sie auf dem Teppich Purzelbäume.
- Vermeiden Sie den Fahrstuhl, gehen Sie die Treppen, immer zwei Stufen auf einmal nehmend, hinauf und hinunter.
- Hüpfen Sie 50 Meter auf einem Bein.
- Berühren Sie mehrmals mit den Fingerspitzen bei gestreckten Beinen den Boden.

Die ersten Zeichen des Alters zeigen sich als Fältchen um Augen, Stirn und Mund (s. Falten).

Vorbeugen und Pflege:

1. Augen:

Grelles Licht meiden, bei Sonnenschein (die richtige) Brille aufsetzen, Augenspecialcreme auftragen, ca. eine halbe Stunde einwirken lassen, dann abnehmen. Tupfen Sie die Creme auf die untere Augenpartie und das Lid auf, dann halten Sie mit einer Hand die Schläfe fest und streichen mit den Fingern der anderen Hand sanft von außen nach innen zu den Nasenwurzeln hin und um das Auge herum. Wiederholen Sie das mehrmals sehr vorsichtig.
Treiben Sie Augengymnastik (s. dort).
Augenringe machen älter. Decken Sie diese mit einem Stift in der Farbe Ihrer Haut ab und tragen Sie Grundierungscreme auf.

Dann tupfen Sie das Ganze mit einem in kaltes Wasser getauchten Wattebausch ab.
Dunkle Augenringe können ein Zeichen von gesundheitlichen Störungen sein. Suchen Sie gemeinsam mit Ihrem Arzt nach der Ursache.

2. Stirn:
Machen Sie Gesichtsgymnastik (s. dort), wackeln Sie mit den Ohren, blähen Sie die Nüstern, heben Sie drohend die Augenbrauen. Entspannen Sie sich vollkommen und wiederholen Sie diese Übung dreimal.
Pflege: Tupfen Sie Falten- oder Nährcreme auf die Stirn, und massieren Sie diese mit leichten, kreisförmigen Bewegungen von unten nach oben ein. Die Falten über der Nase behandeln Sie noch einmal. Anschließend machen Sie eine leichte Klopfmassage.

3. Mundgymnastik:
Drücken Sie die Zähne zusammen und ziehen Sie die Lippen, so weit es geht, in Richtung Ohren auseinander. Machen Sie einen Schmollmund und berühren Sie mit den Lippen die Nase. Dreimal wiederholen!
Alle diese Übungen müssen Sie nicht täglich ausführen. Merken Sie sich für jeden Tag eine andere Gesichtsübung vor. Vergessen Sie nicht, das Gesicht vorher immer gut einzufetten (s. auch Gesichtsgymnastik).

Pflegen Sie Ihr Haar:

Dünnes Haar läßt Sie älter erscheinen. Wechseln Sie die Frisur. Tragen Sie den Scheitel anders, bürsten Sie Ihre Haare täglich und nach allen Richtungen und massieren Sie die Kopfhaut mit einem guten Haarwasser. Benutzen Sie zum Auftragen der Lotion eine im Handel erhältliche Pipette. Dadurch wird Ihr Haar nicht naß und die Frisur bleibt geschont. Helle Farbtöne machen jung. Besprechen Sie sich mit Ihrem Friseur.

Treiben Sie regelmäßig gezielte Körperpflege. Sie schlagen Ihrem Geburtsschein ein Schnippchen durch:

- Tägliche Bürstenmassage mit anschließender Dusche
- Atemübungen bei geöffnetem Fenster
- Spaziergänge in reiner Luft oder nach einem Regenguß
- Überwachung des Speisezettels
- Regelmäßige Überprüfung der Gesundheit durch Ihren Arzt.

Vergessen Sie nicht die Freude als wichtiges Schönheitsmittel. Freude hält jung und elastisch. Freuen Sie sich täglich auf etwas, und wenn es auch nur eine Kleinigkeit ist. Trällern Sie allen Unannehmlichkeiten zum Trotz ein Lied, das stärkt außerdem Ihre Gesichtsmuskeln.
Zur Pflege der reifen Haut benötigen Sie fett- und feuchtigkeitshaltige Cremes. Ihrem Badewasser geben Sie einen Zusatz von Rückfettung bei. Verwenden Sie besondere Pflege auf die trockenen Körperstellen. Wenn Sie erschöpft sind, helfen Wechselbäder.
Sehr wichtig ist auch die Fußpflege. Wenn Sie selbst damit Schwierigkeiten haben, gehen Sie zur Pediküre (siehe dort).

Ananas

So oft wie möglich eine frische Ananas essen; sie verhindert Fettsucht. Die frische Ananas, nicht aus der Konserve, sorgt für reichliche Wasserausscheidung.

Arme

Schöne Arme sind fest und schlank, aber nicht mager. Die Haut ist glatt, der Ellbogen rund. Feste Arme bekommen Sie durch

Armgymnastik:

Es ist bedeutend leichter, schlanke Arme als schlanke Hüften zu bekommen. Folgende Übung festigt den Muskel und ist gleichermaßen für schlanke und fette Arme geeignet:

1. Ohne die Schultern zu bewegen, heben Sie beide Arme waagrecht hoch und lassen Sie diese wieder fallen. 20mal im Atemrhythmus.
2. Ohne die Schultern zu bewegen: Die ausgestreckten Arme unbeweglich halten. Mit den Händen aus dem Handgelenk heraus Kreise drehen. So groß wie möglich und sehr langsam.
3. Klopfen Sie mit der rechten Handkante den ausgestreckten linken Oberarm in gleichmäßigen, mittelstarken Schlägen. Wechseln Sie den Arm.
4. Schwimmen ist die beste Armgymnastik, aber auch Golf und jede Art von Ballspiel, mit Ausnahme von Tennis. Tennis begünstigt den rechten Armmuskel mehr als den linken.

Hautgrieß und Pünktchen am Oberarm sollen Sie täglich einmal im warmen Wasserbad erwärmen. Die rauhen Stellen rubbeln Sie anschließend mit Bimsstein ab und massieren Öl oder Emulsion ein. Rauhe Ellbogen stecken Sie ca. 5 Minuten in eine Schüssel mit erwärmtem Öl.
Kalt-warme Wechselbäder sorgen für Durchblutung. Füllen Sie zwei Schüsseln mit Wasser voll, eine mit heißem, eine mit kaltem Wasser. Baden Sie 1 Minute die Arme im warmen Wasser und 5 Sekunden im kalten. Schließen Sie mit kaltem Wasser ab.

Massagen:

Bürstenmassagen von den Fingerspitzen zu den Schultern sollen Sie täglich durchführen, ebenso Knetmassagen. Kneten Sie den Arm tüchtig durch. Fetten Sie die Arme anschließend mit Hautöl ein oder benutzen Sie eine Schlankheitscreme, wenn Sie schlanke Arme bekommen wollen.
Im Sommer: Beide Arme unter das fließend kalte Wasser halten. An der Luft, unterstützt durch Armkreisen, trocknen lassen.

Atem, schlechter

Schlechter Atem kann die Folge von Verdauungsstörungen, kranken Zähnen oder entzündetem Zahnfleisch sein.

- Sorgen Sie für gute Verdauung.
- Putzen Sie nach jedem Essen die Zähne, spülen Sie mit Mundwasser nach.
- Gehen Sie zum Zahnarzt.
- Lassen Sie vom Arzt Ihre Gesundheit überprüfen.

Atmen, richtiges

Richtiges Atmen ist die Voraussetzung für Gesundheit und gutes Aussehen. Richtig angewandt, ist es zugleich ein Entschlackungs- und Abmagerungsmittel. Bei richtiger Atmung wird dem Körper genügend Sauerstoff zugeführt. Sauerstoffmangel infolge ungenügender Atmung führt zur Überladung des Körpers mit Giften. Das bedeutet: Fettansammlung und Cellulitis (siehe dort). Die Stadtluft ist arm an Sauerstoff. Verbringen Sie Ihren Urlaub im Gebirge oder am Meer oder fahren Sie über das Wochenende auf das Land. Fern von Fabriken und Autoschlangen machen Sie eine Sauerstoffkur, denn richtiges Atmen bedeutet Sauerstoffzufuhr.

Massagen, Gymnastik und äußerliche Anwendung von kosmetischen Präparaten unterstützen die durch richtiges Atmen erzielten Resultate. Atmen Sie immer durch die Nase ein. Die Nase schützt vor dem Eindringen von Staub und Fremdkörpern. Kalte Luft wird in der Nase vorgewärmt. Dadurch wird Erkältungskrankheiten vorgebeugt.

Ob Sie Ihre Übungen im Gehen, Stehen, Sitzen oder Liegen machen, Sie müssen sich vorher vollkommen entspannen. Atmen Sie normal, ohne jede Anstrengung, denken Sie an nichts anderes, konzentrieren Sie sich ganz auf das Atmen (s. Entspannung). Atemübungen, in nervösem Zustand durchgeführt, schaden mehr, als sie nützen.

1. Übung:

Beginnen Sie mit dem Ausatmen. Leeren Sie gründlich Ihre Lungen. Warten Sie einen Augenblick, dann atmen Sie ganz langsam durch die Nase ein. Leiten Sie den Atem ohne Druck und Anstrengung nach innen weiter, füllen Sie die Lungen voll und beschäftigen Sie sich in Gedanken nur mit diesem Vorgang. Vermeiden Sie jede Anstrengung.
Wenn Ihre Lungen prall gefüllt sind, halten Sie ein. Setzen Sie zwei Sekunden mit der Atmung aus. Dann beginnen Sie, durch Nase und Mund langsam auszuatmen. Öffnen Sie die Lippen ein wenig und konzentrieren Sie sich darauf, daß die Luft nicht zu schnell ausgeatmet wird.
Eine Yoga-Atemübung ist folgende:
Einen Nasenflügel mit dem Daumen zudrücken und nur mit einer Nasenhälfte einatmen. Atem anhalten und zugleich mit zwei Fingern die Nase zuhalten. Ausgeatmet wird wieder durch einen Nasenflügel, und zwar durch den bis daher unbeteiligten. Dann wird gewechselt.

2. Übung:

Einatmen: Langsam und ohne Anstrengung durch Nase und Bauch (Zwerchfell). Von dort die Luft weiterführen in die Lungen. Ausatmen: Gleichmäßig und mit leicht geöffnetem Mund. Formen Sie ein O, und blasen Sie die Luft ganz langsam aus.
Machen Sie eine Atempause in völlig gelöster Haltung. Danach beginnen Sie wieder mit dem Einatmen.

3. Übung: (5 Minuten täglich)

Im Stehen –	Einatmen:	Beide Arme in die Hüften stützen.
	Ausatmen:	Arme senken, Oberkörper gleichzeitig etwas vorneigen.
Im Liegen –	Einatmen:	Arme über den Kopf geben, strecken.
	Ausatmen:	Arme parallel zum Körper legen ohne, diesen zu berühren.

4. Übung:

Mehrmals am Tag lang und tief einatmen. Die Brust muß sich wölben. Atem anhalten, Brust zur Normalstellung zurückführen.
Dann langsam durch die Nase ausatmen.

5. Übung:

Niederknien und den Kopf nach vorne beugen, daß er nach Möglichkeit das Knie berührt. Dabei wird die Luft ganz ausgeatmet. Ohne einzuatmen, mit angehaltenem Atem den Oberkörper aufrichten und den Kopf etwas nach hinten legen. Dann erst die Luft langsam durch die Nase einatmen, gleichmäßig und ohne Hast. Machen Sie eine Atempause, und beugen Sie sich ganz nach vorne, Kopf bis zum Knie und leeren dabei langsam die Lungen.
Diese Übung darf nicht öfter als dreimal hintereinander durchgeführt werden.
Alle Atemübungen verschönern den Teint.

Augen

Augenbäder:

Um schöne und gesunde Augen zu haben, baden Sie sie täglich in einer Lotion, die Sie in eine, im Handel erhältliche, kleine Augenschale einfüllen. Wenn Sie nichts anderes zur Hand haben, baden Sie die Augen in lauwarmem Wasser. Geben Sie, wenn möglich, dem Wasser einen Tropfen Zitronensaft bei, das macht die Augen strahlend, oder Sie baden die Augen in lauwarmem Salzwasser. Es beruhigt und stärkt die Augen.
Fencheltee oder 3%iges Borwasser – höherprozentig könnte schädlich sein – sind ebenfalls Stärkungsmittel für das Auge. Ein sehr gutes Augenwasser, das Sie zu Kompressen und Bädern verwenden können, bereiten Sie mit Kamillenblüten: 20 Gramm

Kamillenblüten werden mit einem Liter kochendem Wasser übergossen, einige Minuten ziehen lassen.
Fertiges Augenwasser, sogenannte Augenlotion, können Sie in jeder Drogerie kaufen.
Stecken Sie abwechselnd immer ein Auge in die mit lauwarmer Lotion gefüllte Augenschale. Öffnen und schließen Sie das Auge, und rollen Sie das geöffnete Auge im Wasser.

Gerötete Augen:

- Verwenden Sie nur wasserlösliches Augen-Make-up.
- Tragen Sie bei Sonnenschein eine schützende Brille. Lassen Sie sich fachmännisch beraten!
- Verzichten Sie von Zeit zu Zeit auf das Make-up.
- Bringen Sie kein kosmetisches Fett (Creme bzw. Öl) in die Augen.
- Suchen Sie einen Augenarzt auf und lassen sich Augentropfen verschreiben.

Augenbrauen:

Pflege der Augenbrauen:
Augenbrauen werden schön, wenn Sie sie täglich zweimal mit Rizinusöl oder Vaseline bürsten und anschließend leicht massieren. Verwenden Sie als Bürste eine gewöhnliche Zahnbürste.

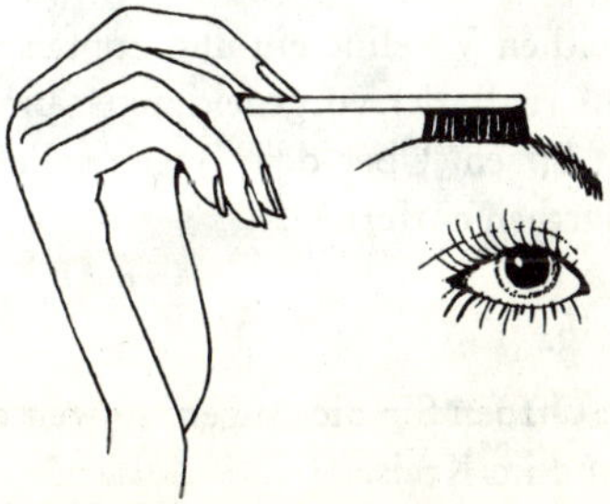

Die Form der Augenbrauen:
Der Schwung ist entscheidend für Schönheit und Ausdruck des Gesichts. Schöne Brauen haben die Form eines Kommas. Sie sollen senkrecht über der Nasenwurzel beginnen und in einem ansteigenden Bogen wenige Millimeter über dem äußeren Augenwinkel enden. Nehmen Sie ein Lineal oder einen Bleistift zur Hand, legen Sie es an Nasenflügel und äußeren Augenwinkel an. Verfolgen Sie die Linie nach oben zu den Brauen. Hier soll die Braue enden.

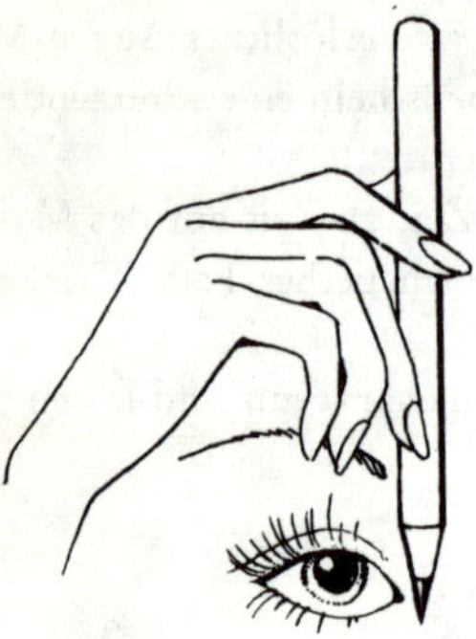

Die Brauen sollen leicht gebogen sein. Zu Beginn, über dem inneren Augenwinkel, sollen die Haare am dichtesten sein. Der höchste Punkt der Braue soll direkt über der Pupille liegen.
Formen Sie mit dem Kamm die Brauen, und ziehen Sie mit dem Brauenstift die Linie, die Sie ihnen geben wollen. Dann betupfen Sie die untere Partie mit Alkohol oder alkoholhaltigem Gesichtswasser, streichen Vaseline ein und zupfen die überflüssigen Härchen, die außerhalb der vorgezeichneten Linie sind, aus, und zwar unter dem Bogen. Über dem Bogen sollen Sie nach Möglichkeit keine Härchen entfernen.

Augengymnastik:

1. Augenrollen: Öffnen Sie die Augen, so weit es geht, und drehen Sie sie rund im Kreis.

2. Schielen Sie auf die Nase, anschließend drehen Sie die Augen auf den rechten äußeren und dann den linken äußeren Augenwinkel.
3. Fixieren Sie einen 1 m vor Ihnen liegenden Gegenstand, dann schauen Sie so weit wie möglich in die Ferne.
4. Am Ende schließen Sie die Augen drei Sekunden. Legen Sie zur besseren Lichtabschirmung auf jedes Auge eine Handinnenfläche.

Augenkompressen:

Sie helfen bei entzündeten und geschwollenen Augen.
Strecken Sie sich entspannt auf die Couch aus, und legen Sie auf die geschlossenen Augen einen Wattebausch, der in Augenlotion oder Kräutertee, vorzugsweise Kamillentee, getränkt ist. Schwarzer Tee oder lauwarme Milch beruhigen und entspannen. Auf die obere Gesichtspartie legen Sie noch ein Frotteetuch. Erneuern Sie die Watte 2–3 mal, und lassen Sie sie insgesamt 5–20 Minuten einwirken. Anschließend von außen nach innen sanft Creme einklopfen.

Augen-Make-up:

Bei sehr hellen Augenbrauen können Sie mit Pinsel und Kompaktpuder nachhelfen. Tragen Sie mit dem Pinsel etwas Puder auf, und streichen Sie in kurzen Strichen leicht über die Brauen. Wenn Sie den Stift benutzen, zeichnen Sie die fehlenden Härchen nicht in einer Linie, sondern täuschen Sie sie durch viele kleine Striche vor (s. Make-up).

nein  nein  ja 

Augenpflege:

Die empfindliche Augenpartie darf nie gezerrt werden. Tragen Sie Nähr-, Feuchtigkeits- oder Augencreme in sanften Klopf-

oder Streichbewegungen auf. Streichen Sie unterhalb der Augen zum inneren Augenwinkel, über dem Augenlid ebenfalls zum inneren Augenwinkel. Lassen Sie die Augencreme nur 30 Minuten einwirken, und nehmen Sie den Überschuß mit Watte oder Zelltuch ab.

Gegen Augenfalten:
Verwenden Sie Antifaltencreme (s. Augen und Falten).

Ausgehen

Wenn Sie natürlich aussehen wollen, gehen Sie am Tag zuvor zum Friseur. Vor dem Ausgehen frisieren Sie sich selbst, Sie wirken dadurch viel natürlicher. Wenn möglich, ruhen Sie sich mittags 1–2 Stunden völlig entspannt aus, bei verdunkeltem Zimmer und im Schlafanzug.

Bleibt Ihnen noch eine Stunde zur Vorbereitung:

Reinigen Sie, während in die Wanne das Wasser einläuft, Gesicht, Hals und Dekolleté gründlich, bürsten Sie Ihre Haare, machen Sie etwas Gymnastik, und hüllen Sie zum Schutz der Frisur ein Tuch um den Kopf. Sind auch Ihre Haare make-upbedürftig, rollen Sie sie auf Wickler, nachdem Sie die Strähne mit Haarspray fixiert haben. Im Bad tragen Sie eine Packung auf.
Wählen Sie eine Maske aus Eigelb, die nährend wirkt (s. Masken und Packungen). Wenn Sie eine faltenglättende Maske benötigen, tragen Sie eine Eiweißmaske auf oder eine beliebige aus der Drogerie. Ihr Badewasser haben Sie schon mit einer wohltuenden Essenz oder mit duftendem Öl vermischt (s. Badezusätze). Entspannen Sie sich im Wasser, und lassen Sie die Haut unter der Maske richtig arbeiten.
Duschen Sie anschließend den ganzen Körper lauwarm und zum Schluß kalt ab, und massieren Sie sich tüchtig von unten nach

oben mit Hautfunktionsöl oder mit Körperemulsion ein. Dann legen Sie sich 10 Minuten im Halbdunkel auf die Couch, decken sich gut zu und geben auf die geschlossenen Augen zwei in Augenlotion getränkte Wattebäusche (s. Augen).
Im Badezimmer machen Sie vor dem Spiegel Gesichtsgymnastik und klopfen anschließend die Haut gut durch (s. Gesichtsgymnastik). Anschließend wird das Make-up aufgetragen (s. Make-up). Lassen Sie jedem Präparat genügend Zeit, auf Ihre Haut einzuwirken, bevor Sie die nächste Creme auftragen. Baden Sie z. B. währenddessen die Hände in Mandel- oder Olivenöl, putzen Sie die Zähne, ziehen Sie die Strümpfe an usw. Dann erst nehmen Sie den Überschuß an Creme weg und beginnen Ihr Make-up (siehe dort).
Für den Abend verwenden Sie selbstverständlich kräftigeres Make-up, da bei elektrischem Licht die Farben verblassen. Schließen Sie die Rolläden, schminken Sie sich bei elektrischem Licht, damit Sie keine bösen Überraschungen erleben, und vergessen Sie nicht, daß Make-up und Garderobe aufeinander abgestimmt sein müssen.

Bleiben Ihnen 20 Minuten zur gesamten Vorbereitung:

Machen Sie am geöffneten Fenster einige Übungen, und duschen Sie sich anschließend. Für das Gesicht verwenden Sie Schnellpräparate. Ein Schnellpräparat ist auch die Schaummaske, mit der Sie sofort gut aussehen. Sie ersetzt auch die Tagescreme oder die Make-up-Unterlage (s. Masken und Packungen).
Ihre Haare legen Sie auf elektrische Lockenwickler oder, falls Sie solche nicht besitzen, rollen Sie die Haare ein, nachdem Sie sie Strähne für Strähne mit einer Sprühwelle befeuchtet haben. Seitenlöckchen legen Sie über den Finger, besprühen diese und halten sie einige Minuten fest oder überkleben sie mit Klebestreifen. In 10 Minuten ist Ihre Frisur in Ordnung. Gebrochene Fingernägel ersetzen Sie durch künstliche, die Sie der Form Ihrer eigenen Nägel angeglichen haben.

Bleibt Ihnen keine Zeit mehr zur Vorbereitung:

Auch jetzt müssen Sie trotzdem nicht müde und farblos aussehen. Mit dem Rougestift haben Sie einen Zauberstab in der Hand, der auch Schönheitsfehler behebt. Sie sollten ihn immer bei sich tragen.

Bringen Sie vom Büro geschwollene Beine mit nach Haus und haben Sie nicht mehr Zeit, diese durch Bäder und Cremes zu entspannen, so ziehen Sie möglichst dunkle Strümpfe an. Geschwollene Beine wirken darin schlanker.

Tips:

- Ein Trick, um auch bei grauer und gelber Haut strahlend auszusehen:
  Geben Sie Teintgrundierung in die innere Handfläche, und mischen Sie Rougecreme darunter, in der Menge so groß wie ein Stecknadelkopf. Vermengen Sie beide gut, und tragen Sie diese Mischung auf das Gesicht auf, dazu kommt noch Wangenrot. Das Zuviel nehmen Sie ab. Etwas Puder, fertig.
- Katzenjammer am nächsten Tag beugen Sie vor, wenn Sie gleich bei der Rückkehr eine Tasse Pfefferminztee oder einen anderen heißen Verdauungstrunk zu sich nehmen. Gehen Sie schnell ins Bett.
  Am Morgen nach dem Erwachen trinken Sie 1 Glas Mineralwasser, das etwas vorgewärmt sein soll.

B

Bäder

Reinigungsbäder genügen zweimal wöchentlich. Ihrer Haut wird sonst zuviel Fett entzogen. Die tägliche Dusche ist dem täglichen Bad vorzuziehen. Nach dem Essen sollen Sie wenigstens eine Stunde warten, bevor Sie in das Bad steigen, Ihr Körper ist noch mit der Verdauung beschäftigt. Reinigen Sie vor jedem Bad gründlich Gesicht, Hals und Dekolleté.

Damit das Bad für Sie von größtmöglichem Nutzen ist, beachten Sie folgende Grundregeln:

- Ein Bad vor dem Schlafengehen ist besser als am Morgen.
- Baden Sie vor dem Essen oder frühestens 1 Stunde nachher.
- Rollen Sie die Haare auf Wickler, bevor Sie in die Wanne steigen.
- Bürsten Sie sich im Wasser tüchtig durch.
- Nach dem Bad machen Sie Abreibungen mit Kölnischwasser oder Hautöl.

Reinigungsbäder:

Sie sollen nicht zu warm und nicht zu kalt sein. Die beste Temperatur ist zwischen 36° C und 37° C. Die Dauer des Reinigungsbades darf das Einseifen, Waschen und Spülen – möglichst mit fließendem Wasser oder mit Dusche – nicht überschreiten. Enthärten Sie das Leitungswasser durch Badezusätze. Schrubben Sie sich mit Seife und Waschlappen gut ab, und spülen Sie den Lappen unter fließendem Wasser immer wieder gründlich aus. Neben den Reinigungsbädern gibt es eine Vielzahl von Gesundheits- und Schönheitsbädern.

Gesundheits- und Schönheitsbäder:

Schlankheitsbäder:

1. Algenbäder
2. Bäder mit Meersalz

1 kg Meersalz in das heiße Badewasser schütten. Die Badedauer darf 30 Minuten nicht übersteigen. Duschen Sie heiß, und gehen Sie, ohne sich abzutrocknen, in ein Badetuch gehüllt, ins Bett.

Schaumbäder:

Sie reinigen und beleben, werden aber nicht von allen Hauttypen vertragen. Bei trockener Haut sollten Sie auf das Schaumbad verzichten. Spülen Sie sich anschließend gut ab. Schaumbäder wirken erfrischend und nervenberuhigend. Sie fördern den Kreislauf.

Creme- oder Emulsionsbad:

Diese Bäder sollen bei empfindlicher und trockener Haut genommen werden. Die Haut wird mit Creme oder Emulsion bis zum Schäumen eingerieben. Mit warmem oder kaltem Wasser muß der Körper gut abgespült werden.

Ein Ölbad:

Bei trockener und spröder Haut nehmen Sie ein solches Bad. Schütten Sie die auf der Flasche angegebene Menge in das Badewasser.
Gönnen Sie sich ab und zu, spätestens aber vor einem festlichen Abend ein

Parfümbad:

Träufeln Sie wenige Tropfen Ihres Parfüms in das Badewasser. Ein solches Bad macht fit und munter, und der Duft, der sich auf diese Weise gleichmäßig auf der Haut verteilt, wird Sie den ganzen Abend umschmeicheln.

Wollen Sie etwas für Ihre Gesundheit tun, nehmen Sie:
1. ein lauwarmes Bad von ca. 35° C. Es ist besonders wohltuend bei Nervosität
2. ein Vitamin- oder Kräuterbad

Nehmen Sie ein Vollbad mit Kräuterzusatz. Kräuterbäder können gefahrlos zuhause genommen werden. In jeder Drogerie sind Kräuter-Badeextrakte erhältlich. Beachten Sie bei der Zubereitung der Bäder genau die Gebrauchsanweisung.

Badezusätze

Baldrianbad: Es sorgt für guten Schlaf und hilft in den Wechseljahren.
Eukalyptusbad: Empfehlenswert bei Erkältungen.
Fichtennadelbad: Es wirkt nervenstärkend, durchblutungsfördernd, gegen erschlaffte Haut; Dauer: 20 Minuten. Mit einer kalten Dusche abschließen.
Haferstrohbad: Gute Erfolge bei Hautkrankheiten und Bindegewebsschwächen.
Heublumen-Extrakt: Das Bad wirkt bei Gewebsstauungen und ist krampflösend.
Johanniskrautbad: Entspannend.
Kamillenbad: Diese Bäder lindern Entzündungen und Krämpfe, wirken heilend und beruhigend.
Kamillenbäder oder Kamillenwaschungen beseitigen Körpergeruch.
Lavendelblüten: Nervenberuhigend.
Meersalzbad: Entspannend, kräftigend. Festigt das Gewebe.
Rosmarinbad: Aktiviert den Kreislauf, macht morgens munter, löst Verkrampfungen, es belebt bei Überanstrengung und Erschöpfung.
Roßkastanienbad: Fördert die Durchblutung.

Schwefelbad: Gute Ergebnisse bei unreiner Haut.
Weizenkleiebad: Bei unreiner und empfindlicher Haut zu empfehlen.
Zitronenbad: Beruhigend, macht die Haut weich.

Beruhigende Badezusätze sind:

Lindenblüte (s. dort), Kamille, Lavendel, Fichtennadel, Baldrian. Ein Beruhigungsbad soll eine Wassertemperatur von 38°–40° C haben und die Dauer von 15–20 Minuten nicht übersteigen. Beispiel: 500 Gramm Lindenblüten auf 3 Liter Wasser kurz aufkochen, ziehen lassen und dem Badewasser beifügen.
Guter Erfolg bei Schlaflosigkeit.

Belebende Bäder:

1. Wechselbäder (auch unter der Dusche) zwischen 42° C und 10° C abwechseln.
2. Kräuterbäder mit Zusätzen aus Rosmarin, Kastanie, Heublume, Pfefferminz.

Gegen fettige Haut: Schaumbäder, Kamille, Melisse, Schwefel, Salbei und Kleie.
Gegen trockene Haut: Milch- und Ölbäder.
Die Wirkung belebender Bäder wird verstärkt, wenn Sie in der Wanne eine Bürstenmassage machen. Nach dem Bad reiben Sie sich mit Körpermilch, Emulsion oder Hautöl ein.
Meerbäder sind das beste für die Haut, das Gesicht und für die Schönheit. Meerwasser reinigt und heilt zugleich. In Verbindung mit Wellenreiten ist es auch ein gutes Massagemittel und wirkt bei Cellulitis heilend (s. Cellulitis).
Eine Wasserpromenade rund um den Strand, die Beine bis zu den Waden im Meerwasser macht Sie schlank und jugendlich.

Fußbäder: (siehe dort)

Gesichtsdampfbäder: (siehe dort)

Beine

Vernachlässigen Sie die Beine nicht bei Ihrer täglichen Toilette. Duschen Sie die Beine täglich, aber nicht zu heiß. Nach dem Bad werden sie mit einer Speziallotion von unten nach oben eingerieben.

Bei fettiger Haut: mit Franzbranntwein

Bei trockener Haut: mit Feuchtigkeitscreme oder Hautöl

Bei normaler Haut: mit einem Präparat nach Wahl

Fußbäder und auch Vollbäder dürfen nie nach dem Essen genommen werden, da die Verdauung durch das Bad ungünstig beeinflußt wird. Das Wasser soll eine Temperatur von 38° C haben. Geben Sie in das Wasser, zur Belebung, abwechselnd eine Handvoll Meersalz, das andere Mal Tannenessenz.

Schlanke Fesseln werden durch ein Algenbad gefördert. Wenn Sie Cellulitis haben, wird dieses Ihnen besonders gut tun (s. Cellulitis und Fesseln).

Tägliches Massieren und Trockenbürsten ist wohltuend für die Beine. Vergessen Sie nicht auf Knie und Kniekehlen. Bei Falten

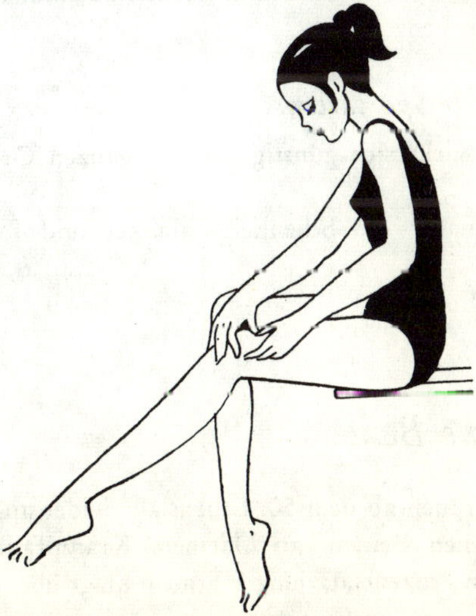

in der Kniegegend machen Sie eine Zupfmassage. Fetten Sie die Hautpartie vorher gründlich ein (s. Knie).

Störende Haare werden entfernt (s. Enthaaren).

Nachts lagern Sie die Beine hoch, sie sollen nach Möglichkeit auch tagsüber zeitweise hoch gelagert werden.

Tragen Sie keine schmerzenden Schuhe. Nehmen Sie für die Schönheit der Beine reichlich Vitamine (C und P) zu sich. Sie finden diese in allen Zitrusfrüchten, Petersilie, Kohl und Spinat (s. Vitamintabelle).

Am Morgen und am Abend vor dem Schlafengehen machen Sie folgende Beingymnastik:

1. Auf den Rücken legen, Beine hochheben und in der Luft radfahren.
2. Auf den Rücken legen, ein Bein hochheben und abwechselnd große und kleine Kreise in die Luft zeichnen. Das rechte Bein wechselt mit dem linken ab.
3. Auf den Rücken legen, Beine hochheben, kräftig ausschütteln und entspannt fallen lassen.
4. Im Stand abwechselnd das eine und das andere Bein ausgestreckt so hoch wie möglich nach vorne und nach rückwärts im Schwung heben.

Empfehlenswerte Sportarten:

1. Schwimmen wirkt sich günstig für den ganzen Organismus aus.
2. Radfahren macht die Schenkel schlanker und festigt die Muskeln.
3. Tanzen und Eislaufen.

Geschwollene Beine

Eine von drei Frauen ab dem 50. Lebensjahr leidet an kranken oder geschwollenen Beinen, an Ödemen, Krampfadern usw. Schon ein großer Prozentsatz junger Frauen klagt über verschie-

dene Beinbeschwerden, die oft die Folge von Durchblutungsstörungen und Übergewicht sind.
Befragen Sie auf alle Fälle einen Arzt. Beinbeschwerden können auch die Folge sehr ernst zu nehmender Krankheiten sein. Fußbäder in Salzwasser fördern die Durchblutung. Spezialzusatz für das Fußbad (Roßkastanienextrakt, Zinnkrauttee) bringt Erleichterung und stärkt das Bein. Anschließend sollen Sie die Beine mit Franzbranntwein oder einem Stärkungspräparat einreiben.
Wassertreten hilft bei geschwollenen und schlecht durchbluteten Beinen. Lassen Sie kaltes Wasser bis zu den Waden in die Wanne laufen, und gehen Sie im Wasser am 1. Tag nicht länger als eine Minute, am 2. Tag zwei Minuten, und verlängern Sie bis höchstens vier Minuten. Trocknen Sie sich gut ab oder gehen Sie, ohne die Beine abzutrocknen und nur in ein Wolltuch gehüllt, ins Bett.
10 Minuten Wassertreten im Meerwasser ist das beste Mittel zur Stärkung der Beine.
Massagen mit Mandelöl, Hautemulsion oder Spezialpräparaten bringen Erleichterung.

Beingymnastik:

- Auf den Rücken legen und radfahren.
- Auf einer Flasche barfuß rollen.
- Morgens und abends 10 Kniebeugen machen.
- Aus der Rückenlage den Körper gestreckt wie eine Kerze aufstellen, den Kopf nach unten.
- Auf den Zehenspitzen gehen, ohne den Oberkörper zu bewegen.
- Aus dem Stand Beine abwechselnd mit Schwung nach oben schlagen, so hoch wie möglich.

Bein-Make-up:

Das Bein-Make-up besteht aus flüssiger Grundierung in Rot, Braun und Beige. Es ist wasserunempfindlich und wird auf das

ganze Bein aufgetragen. Entfernt wird es mit Seife und warmem Wasser. Es gibt zwei Farben: Eine helle Farbe, die eine Beinpartie betont, und eine dunkle Farbe, mit deren Hilfe ein Teil des Beines in den Hintergrund tritt.
Ein dickes Bein erscheint mit dunkelbraunem Make-up schlanker. Ein dünnes Bein wirkt mit hellem Make-up voller.

Berufstätige, Programm

Das Programm der berufstätigen Frau muß so abgestimmt sein, daß sie mit dem Minimum an Zeitaufwand immer gepflegt erscheint. Gezielte Körperpflege ist für die berufstätige Frau erste Pflicht. Überlassen Sie nichts dem Zufall. Haut- und Haarpflege, Make-up und die Wahl Ihrer Garderobe müssen wohl überlegt sein.

Haarpflege:

Gehen Sie ein- oder zweimal im Monat zum Friseur. Zwischendurch waschen und drehen Sie sich das Haar selbst ein. Am Vorabend vor der Haarwäsche machen Sie sich eine Ölpackung und gehen mit der Bademütze oder einem Kopftuch schlafen. Am nächsten Morgen waschen Sie die Haare mit Eigelb (s. Haarwäsche).

Hautpflege:

Reinigen Sie die Haut mit einem guten Reinigungspräparat und tragen Sie anschließend Feuchtigkeits- oder Nährcreme auf. Von Zeit zu Zeit geben Sie Ihrer Haut eine Packung (s. Masken und Packungen). Eine Eigelbpackung reinigt Ihre Haut nicht nur, sondern ernährt sie auch. Anschließend machen Sie eine leichte Klopfmassage. Am Morgen nach der Gesichtsreinigung tragen Sie Schutzcreme auf, anschließend flüssige Grundierung, helles und dunkles Make-up (siehe dort).

Einmal in der Woche nehmen Sie sich Zeit für:

- ein Vollbad
- ein Gesichtsdampfbad oder eine Packung (gleichzeitig legen Sie Augenkompressen auf)
- einen Ölwickel für den Hals
- Pediküre (siehe dort)
- Maniküre (siehe dort)

Geben Sie Ihren Händen öfter ein Salzbad.
Nach jedem Händewaschen schieben Sie die Nagelhaut zurück und fetten Haut und Nagel mit Nagelöl oder einer guten Creme ein.

Körperpflege:

Stellen Sie ein Gymnastikprogramm auf. Wählen Sie Übungen aus, die für Sie am geeignetsten sind. Beginnen Sie am Morgen mit Atemübungen und schließen Sie mit Radfahren (Rückenlage, Beine in der Luft) ab. Am Abend beginnen Sie mit Radfahren und enden mit Atemübungen. Praktizieren Sie regelmäßig wenigstens einmal wöchentlich Ihren Lieblingssport oder machen Sie lange Spaziergänge. Schalten Sie einmal wöchentlich einen Diättag ein.

Gut vorbereitet, übersteigt das Programm am Abend nicht 20 Minuten:

- Gesicht reinigen
- Zähne putzen
- Haare bürsten
- Gymnastik (evtl. Radfahren)
- Dusche oder Trockenbürsten
- Einreiben mit Körperemulsion
- Nährcreme für das Gesicht
- Atemübungen
- Den Überschuß an Fett wegwischen

Schlafengehen.

Birchermüsli

Das Birchermüsli ist reich an wertvollen Nährstoffen; es sättigt, ohne dick zu machen, und kann eine Mahlzeit ersetzen.

Rezept:
Ein großer Apfel oder 2–3 kleine Äpfel werden gründlich gewaschen und, ohne sie zu schälen, sehr fein zerrieben. Geben Sie einen Eßlöffel fein gemahlene Nüsse, Haselnüsse oder Mandeln dazu und einen Eßlöffel Haferflocken, die Sie zuvor ca. 12 Stunden in etwas Wasser eingeweicht haben. Verrühren Sie alles gut, gießen Sie den Saft einer halben Zitrone zu und einen Eßlöffel Dosenmilch oder nach Belieben Vollmilch oder Magermilch.
Bereiten Sie das Müsli erst kurz vor dem Anrichten vor, denn die Äpfel werden schnell braun.

Bräunen

Der braune Farbton muß erreicht werden, ohne daß die Haut gerötet wird. Das kommt häufig bei Brünetten vor und bei mäßiger Steigerung des Sonnenbades.
Der Braunton der Haut hängt von den Luftbedingungen ab, der Hautbeschaffenheit und dem Hauttyp der Einzelperson. Sie werden selbst aus Erfahrung wissen, ob Sie schnell oder langsam braun werden.
Bevor Sie das Sonnenbad nehmen, beachten Sie bitte:

- Setzen Sie am ersten Tag nur die Beine, und auch diese nur für kurze Zeit, einer Sonnenbestrahlung aus.
- Verlängern Sie nach und nach die Dauer der Sonnenbestrahlung.
- Setzen Sie das Sonnenbad von nun an jeden Tag fort. Wenn Sie mehr als zwei Tage aussetzen, sind Sie von neuem gefährdet.

- Schützen Sie Ihre Augen durch eine geeignete Sonnenbrille oder legen Sie Watte auf.
- Empfindsame Körperteile, Nase, Schulter usw. decken Sie mit Sonnenschutzcreme besonders gut ab. Lippen und Nase schützen Sie mit einem Spezialstift.

An Tuberkulose erkrankte Menschen dürfen sich nicht intensiver Sonnenbestrahlung aussetzen. Bei Verdauungsbeschwerden, Nierenerkrankungen und Fieber sollen keine Sonnenbäder genommen werden.
Beginnen Sie mit dem Bräunen nicht erst im Urlaub, gewöhnen Sie Ihre Haut schon vorher langsam an die Sonne – auf Ihrem Balkon oder bei einem Einkaufsbummel durch die City. Vorgebräunt, ist Ihre Haut auf die heiße Sonne des Südens gut vorbereitet.
War Ihnen das nicht möglich, und kommen Sie als Bleichgesicht am Urlaubsort an, gehen Sie in den ersten Tagen nur in den Vormittagsstunden in die Sonne, vermeiden Sie die heiße Mittags- und Nachmittagssonne.

Tips:

- Bevor Sie in den Urlaub fahren, massieren Sie vier Wochen lang, zweimal täglich, morgens und abends, Ihren Körper kräftig mit einem Massagehandschuh (s. Bürstenmassage). Danach verwenden Sie abends ein Körperöl und morgens eine Körperemulsion. Eine so vorbereitete Haut bräunt besser und hält die Bräune auch länger.
  Morgens, vor dem Sonnenbad am Urlaubsort, cremen Sie den Körper zuerst mit Ihrer Emulsion ein, danach verwenden Sie das Sonnenschutzmittel. Sonnenpräparate muß man unbedingt mehrmals am Tag auftragen (s. Sonnenschutzmittel).
- Vorsicht vor übermäßiger Sonnenbestrahlung der Haut; sie wird sonst großporig und trocken. Vorzeitige Fältchen sind die Folge. Schützen Sie besonders die Nase und den Rücken. Massieren Sie regelmäßig Feuchtigkeitscreme ein, Sonnenschutz- und Bräunungsmittel trocknen die Haut aus.

- Wenn die Haut nur mühsam und langsam braun wird, gibt es ein Hausmittel:
  Reiben Sie Ihren Körper im Schatten mit Weinessig ein, und bleiben Sie vor der Sonne geschützt, bis die Luft die Haut getrocknet hat. Bewegung beschleunigt das Trocknen der Haut. Anschließend dürfen Sie in die Sonne. Nach einiger Zeit reiben Sie sich auf einem schattigen Plätzchen nochmals mit Essig ein und warten wiederum, bis Sie ganz trocken sind, bevor Sie in die Sonne gehen.

Ohne Sonne braun:

Mit chemischen, im Handel erhältlichen Mitteln erzielen Sie künstliche Bräune. Wenn Sie so gebräunt in den Urlaub fahren, schützen Sie sich mit Sonnenschutzmittel vor starker Sonnenbestrahlung und gewöhnen Sie sich langsam an die Sonne. Künstliche Bräune schützt nicht vor Sonnenbrand. Künstliche Bräunungsmittel sind unschädlich und lassen sich mit Bimsstein wieder abreiben.

Nicht braun werden Sie trotz Sonne:

1. Wenn Sie ein farbiges Make-up verwenden.
2. Wenn Sie eine medizinische Lichtschutzcreme, die in Apotheken und Drogerien erhältlich ist, auftragen. Sie filtriert zu 90% die Sonnenstrahlen. Tragen Sie das Mittel täglich auf, auch bei Regenwetter, und cremen Sie sich damit mehrmals am Tag ein.

Vorsicht bei Parfüm oder Kölnischwasser, bevor Sie in die Sonne gehen (s. Parfüm).

Nach dem Sonnenbad muß Sonnenschutzcreme mit Reinigungsmilch gründlich entfernt und Feuchtigkeitscreme eingeklopft werden.

Augen:

Anstelle von Sonnenbrillen, die weiße Flächen hinterlassen, legen Sie während des Sonnenbades Wattebäusche auf die Augen.

Bei unreiner Haut ist häufiges Sonnenbaden zu empfehlen. Es wirkt austrocknend.

Brust

Geben Sie sich nicht damit zufrieden, daß nur wenige junge Frauen eine wohlgeformte Brust haben, beugen Sie vor.
Beginnen Sie schon mit 20 Jahren mit der Pflege Ihrer Brust. Selbst eine schöne, normal entwickelte Brust muß in das tägliche Pflegeprogramm einbezogen werden, wenn sie nicht bald erschlaffen soll. Mit täglichen gymnastischen Übungen werden die Brustmuskeln gestärkt, straff und schön.
Duschen Sie täglich mit kaltem Wasser. Richten Sie den Strahl kreisförmig von unten nach oben auf die Brust, bei starkem Strahl decken Sie die Brustwarze mit der Hand ab. Ist Ihnen Duschen nicht möglich, bespritzen Sie sich mit kaltem Wasser und machen anschließend eine leichte Streichmassage mit dem Waschlappen. Schließen Sie mit einer Salzwasserabreibung aus einer Lösung von einer Handvoll Meersalz auf einen Liter Wasser ab.
Regelmäßige Abreibungen mit kaltem Wasser, dem Sie Zitronensaft beifügen – auf 2 Liter Wasser eine halbe ausgepreßte Zitrone – erhalten die Brust lange jugendlich.
Der Brustmuskel wird durch viel Bewegung gestärkt. Ein ausgezeichnetes Brusttraining ist das Schwimmen.
Der Erschlaffung der Brust können Sie vorbeugen durch:
- Wechselduschen, kreisförmig und von unten nach oben
- Bürstenmassagen

Tragen Sie immer einen gut sitzenden Büstenhalter. Vermeiden Sie gewaltsame Abmagerungskuren.

Brustgymnastik:

Wenn Sie Ihre Brust vergrößern oder Fett abbauen wollen, hilft folgende Übung:
Tragen Sie dazu einen Büstenhalter und zusätzlich einen warmen Pulli, wenn Sie am Oberkörper abnehmen wollen.

1. Auf den Bauch legen, Beine strecken, hochstemmen. Körpergewicht auf Arme und Fußspitzen verlagern. In dieser Stellung zwei Minuten verharren, dann Arme abbiegen und den Körper langsam bis knapp vor dem Boden niedergehen lassen, wiederholen.

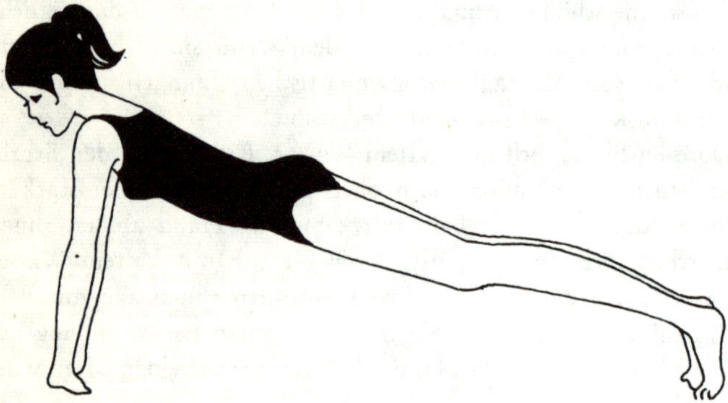

2. Rückenlage, Arme im Nacken verschränken. Oberkörper langsam hochheben und wieder langsam zur Ausgangsstellung zurückkehren.

3. Stellen Sie sich vor der Wand des Badezimmers auf und drükken Sie mit beiden Händen fest gegen die Mauer, als wollten Sie sie wegrücken, fünfmal.

4. Arme strecken, kreisen.

5. Arme seitlich ausstrecken, Hände in die Achselhöhlen geben. Die gebogenen Arme im Kreise drehen, zehnmal vor, zehnmal zurück.

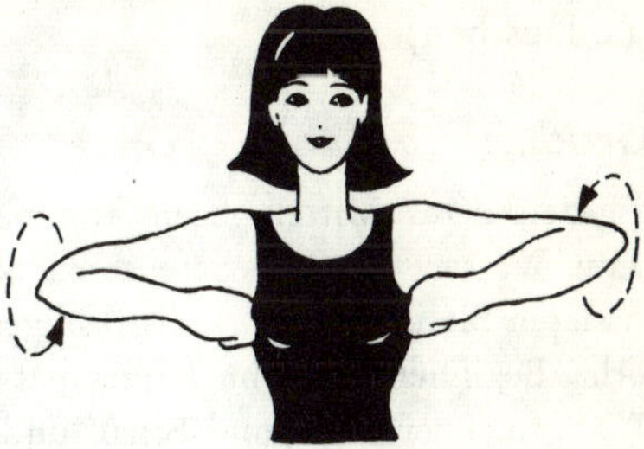

Gehen Sie aufrecht, tragen Sie den Kopf immer hoch, legen Sie die Schultern zurück. Wenn Ihre Brust sehr stark ist, behalten Sie den Büstenhalter auch nachts an.
Dehnungsstreifen können Sie mit Gymnastik und Trockenbürsten vorbeugen.
Erschlaffte Brust, unterentwickelte Brust, Fettbrust (s. Operationen, kosmetische).

Bürsten

Für Ihre Gesundheit und Ihre Schönheit ist regelmäßiges Bürsten des ganzen Körpers besonders wichtig.
Verwenden Sie dazu immer die richtige Bürste. Sie benötigen:

1 Haarbürste
2 Zahnbürsten
1 Puderbürste
1 Brauenbürste
1 Körperbürste für das Bad

Zum Trockenbürsten:

1 weiche Bürste für das Gesicht, Hals und Dekolleté
1 Massagehandschuh oder Massagebürste
1 Stielbürste oder ein Bürstenband für den Rücken

Bürstenbad: (s. Duschen)

Bürsten des Gesichts:

Es ist ein ausgezeichnetes Mittel gegen kommende Fältchen. Wenn Ihre Haut Wasser verträgt, befeuchten Sie eine weiche Bürste und massieren Sie in kleinen, kreisförmigen Bewegungen sanft das Gesicht. Beginnen Sie beim Kinn, massieren Sie weiter über die Wangen, über Nase und Stirn, und vergessen Sie auch nicht die Ohrenpartie. Berühren Sie aber nicht die zarte Haut der Augenpartie. Spannen Sie die Gesichtsmuskeln an und vermeiden Sie jedes Zerren. Die Massage ist ausgezeichnet bei fahler Haut, Hängebacken und schlaffen Gesichtmuskeln.
Verwenden Sie die gleiche weiche Bürste für Brust, Dekolleté und Hals.

Bürstenmassage:

Tägliches Trockenbürsten ist gesünder als das tägliche Bad, wenn darauf eine Dusche folgt. Bürstenmassagen fördern die Durchblutung, straffen die Muskeln und stoßen alle alten Hautteilchen ab. Grießkörnchen und rauhe Haut verschwinden, die Haut wird rosig, weich und glatt. Bürstenmassage vor dem Duschen, im Anschluß an Gymnastik, stärkt das Wohlbefinden.
Mit einem Massagehandschuh oder einer mittelweichen Bürste mit Naturborsten massieren Sie vom Fuß zum Kopf in kreisenden Bewegungen oder langen Strichen zum Herzen hin, zuerst die Beine von den Fußspitzen bis zum Rumpf, dann die Arme von den Händen bis zu den Schultern. Anschließend reiben Sie den Rücken mit einem Bürstenband oder einer Stielbürste. Die Brust massieren Sie besonders zart mit einer weichen Gesichtsbürste. Sie benötigen dazu nicht länger als 5–10 Minuten.

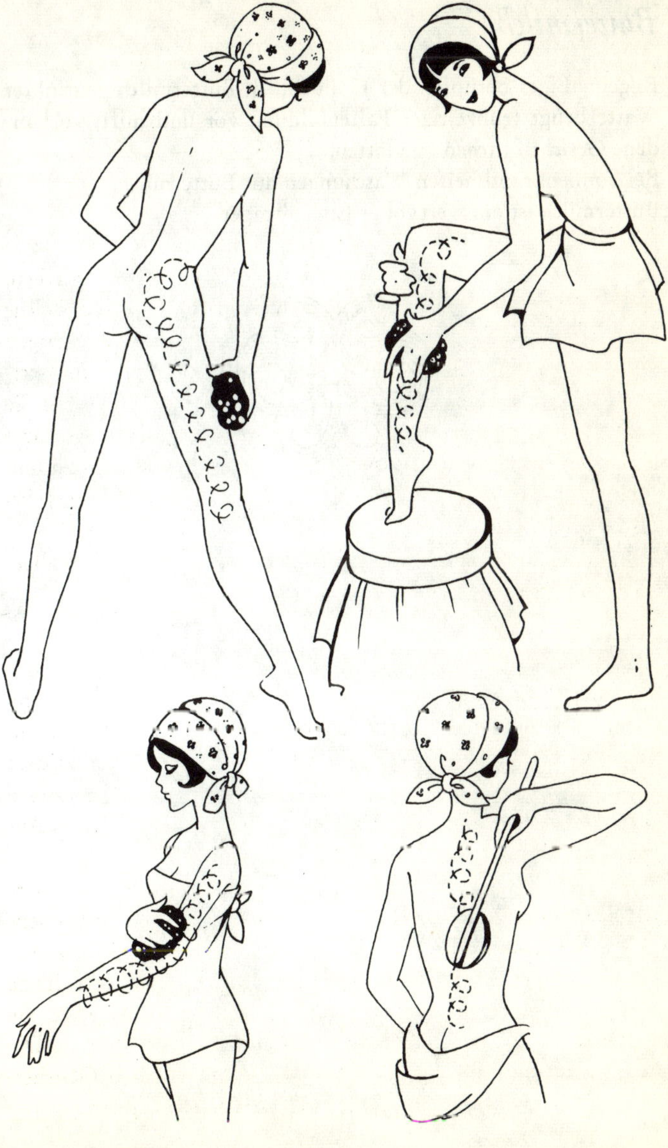

Buttermilch

Regelmäßiges Betupfen der Haut mit in Buttermilch getränkter Watte beugt frühzeitiger Faltenbildung vor und hilft, vorhandene Gesichtsfältchen zu glätten.
Bei Sonnenbrand helfen Waschungen mit Buttermilch.
Buttermilch ist ein wertvoller Eiweißträger.

C

Cellulitis

Geschwollene Fesseln, schwere Schenkel, dicke Oberarme und aufgedunsener Bauch können verschiedene Ursachen haben. Sie können die Folge schlechter Durchblutung und Störung im Wasserhaushalt des Körpers sein, aber auch Stoffwechselstörung oder ein schwaches Bindegewebe sind oft die Ursache.
Kneifen Sie sich in die Schenkel: Bildet sich eine sogenannte Orangenhaut, dick und hart mit kleinen Löchern und runden Erhöhungen, kann es Cellulitis sein.

Im Anfangsstadium:

Regelmäßige Gymnastik und Massage helfen bei Anfangsbeschwerden. Vergessen Sie dabei nicht das Knie, fassen Sie es mit Daumen und Zeigefinger fest an und bearbeiten Sie es 5 Minuten lang. Auch die Kniehöhle muß geknetet werden.

Fortgeschrittene Cellulitis:

Massagen, die Erfolg haben sollen, sind sehr schmerzhaft und können nur von einem Spezialisten durchgeführt werden. Überwachen Sie Niere und Leber. Entschlacken Sie Ihren Körper (s. Entschlackung). Machen Sie regelmäßig Atemübungen (s. Atmen), betreiben Sie Sport.
Medikamente gegen Cellulitis sind rezeptfrei in Apotheken erhältlich, aber: Seien Sie vorsichtig bei Herz- und Kreislaufschwäche, Entzündungen im Körper und Neigung zu Thrombosen. Besuchen Sie einmal wöchentlich die Sauna, gehen Sie schwimmen. Auch Unterwassermassagen bringen Erleichterung.
Für gute Wasserausscheidung sorgen Sie, wenn Sie täglich eine frische Ananas essen (s. Ananas).

Algenbäder bringen den Körper zum Schwitzen und führen ihm gleichzeitig Heilstoffe zu.

Isometrische Gymnastik:

Sie ist leicht durchzuführen und besonders bei Cellulitis anzuwenden. Sie beruht auf dem Zusammenziehen aller Muskeln bis zum größtmöglichen Effekt, ohne sich dabei vom Platz zu bewegen. Sie können diese Übung im Sitzen und im Stehen durchführen und unabhängig von der Tageszeit. Durch das Zusammenziehen der Muskeln kommt das Gewebe in Bewegung. Neues Blut strömt in den betroffenen Körperteil. Dadurch wird Sauerstoff zugeführt, und die Gifte werden ausgeschieden.
Ziehen Sie mehrmals am Tag, ob Sie sitzen oder stehen, die Muskeln des Bauches, der Schenkel, des Gesäßes und der Beine fest zusammen. Spannen Sie sie an und lassen Sie wieder nach.
Ein Trick für Schulter-, Arm- und Brustmuskeln:
Geben Sie Ihre Hände unter einen schweren Tisch und versuchen Sie, diesen mit den Handinnenflächen hochzuheben.
Machen Sie diese Übungen mehrmals am Tag, aber hören Sie auf, bevor Sie sich überanstrengen.

Halten Sie Diät:

Meiden Sie Wurst, fettes Fleisch, Wild, Saucen, Gebratenes und Mehlspeisen. Verboten sind auch scharf gewürzte Speisen und Alkohol. Salzen Sie sehr wenig, damit sich das Wasser im Körper nicht festsetzen kann. Während des Essens trinken Sie nichts, aber zwischen den Mahlzeiten sollen sie leicht wassertreibende Mineralwasser oder Kräutertees trinken.
Meiden Sie nach Möglichkeit Überanstrengung und Aufregung. Sie beeinflussen die Verdauung ungünstig. Für regelmäßigen Stuhlgang sorgen Diät, Gymnastik, Kräutertees und Salate mit Olivenöl angemacht.

Charme

Charme ist unabhängig von regelmäßigen Gesichtszügen und teurer Garderobe. Charme ist die Ausstrahlung eines offenen, heiteren Wesens, gepaart mit Liebenswürdigkeit, Grazie, Vitalität und einem Schuß Intelligenz.
Charme ist nicht erlernbar, aber wenn einige der genannten Eigenschaften auf Sie zutreffen, wenn Sie sich von Ihren Nerven nicht beherrschen lassen und Sie von Zeit zu Zeit sich selbst vergessen können, sind Sie auf dem besten Weg, Charme auszustrahlen.

Cocktail

Schönheitscocktail:

Karottensaft:
Ein Glas frisch gepreßten Karottensaft mit einem Eßlöffel Orangensaft und einigen Tropfen Zitronensaft gut mixen.

Tomatensaft:

1 Glas zu ³/₄ mit Tomatensaft und ¹/₄ mit Zitronensaft füllen.

Selleriesaft:
Zu gleichen Teilen mixen: Tomatensaft mit Selleriesaft.

Stärkungscocktail:

Orangenei:
Saft von zwei frisch gepreßten Orangen mit einem Eigelb und einem Teelöffel Honig mixen.
Lassen Sie Ihrer Phantasie freien Lauf. Mixen Sie nach Ihrem Geschmack Gemüse- und Obstsäfte zu einem Schönheits- oder Stärkungscocktail (s. Frühling).

Couperose (Rosacea)

Sie wird auch Kupferfinne genannt und besteht aus zahlreichen erweiterten Äderchen. Die Couperose ist bei Kindern unbekannt. Sie kann ab Beginn der Pubertät auftreten. In der Regel sind Frauen zwischen 30 und 50 Jahren davon betroffen. Gehen Sie bei Couperose zum Arzt. Im Anfangsstadium können die einzelnen roten Äderchen verödet werden. Auch die Einhaltung von Diät, zusätzlich zur ärztlichen Behandlung, kann Milderung des Zustandes bringen.
Sie sollen außerdem:

- den Genuß von Alkohol meiden
- nur leicht verdauliche Speisen essen
- langsam essen, gut kauen
- keinerlei Seifen verwenden, sondern das Gesicht einer sanften Reinigung mit Azulenöl oder Spezialreinigungsmilch unterziehen
- keine Gesichtsdampfbäder machen
- keine Präparate mit Kampfer und Melisse auftragen
- wissen, daß Durchblutungsmasken schädlich sind
- Tag und Nacht auf Ihre Haut eine Schutzcreme auftragen
- Ihre Haut vor Wind und extremen Temperaturen schützen
- für Durchblutung durch leichte Massage sorgen
- direkte Sonnenbestrahlung unbedingt vermeiden

Make-up:

Durch Rouge können die roten Bäckchen nicht abgedeckt werden, die verschiedenen Rottöne lenken im Gegenteil die Aufmerksamkeit in erhöhtem Maße auf sich. Streichen Sie im Handel erhältliche grüne Creme über der Tagescreme auf und darüber die Teintgrundierung. Im Sommer sollen Sie vor der Sonnenschutzcreme und hohem Schutzfaktor Feuchtigkeitspräparate auftragen (s. Sonnenschutzmittel).
Als Pflegemittel sind sehr Azulen-Präparate und Azulen-Milchweiß-Kombinationen zu empfehlen. Im fortgeschrittenen Stadium werden Ichthyol-Präparate empfohlen.

D

Dauerwelle

Eine Dauerwelle, regelmäßig alle 3 Monate durchgeführt, ist für das Haar schädlich. Setzen Sie zwischendurch immer kurze Zeit aus, damit sich Ihr Haar erholen kann.
Wählen Sie zusammen mit Ihrem Friseur die Dauerwelle, die für Ihr Haar am geeignetsten ist, und verlangen Sie von Ihrem Friseur nicht, daß sie ein Jahr hält.
Bei kranken Haaren oder nach einer Infektionskrankheit sollen Sie sich keine Dauerwelle machen lassen.

Dekolleté

Ein Wickel, einmal wöchentlich, mit Vitaminöl sorgt für zarte Haut:
Das im Wasserbad erwärmte Öl wird auf Hals und Dekolleté aufgetragen. Sie können aber auch ein Kompressentuch in das warme Öl legen und damit Hals und Dekolleté umwickeln. Darüber wird ein feuchtwarmes Leinentuch gelegt und darauf ein warmes Woll- oder Frotteetuch. Nach einer halben Stunde nehmen Sie den Wickel ab.
Duschen Sie die Partie 1-2mal täglich und pflegen Sie sie danach mit einer Körperemulsion.

Deodorant (s. Transpiration)

Diät

Die beste Jahreszeit, mit einer Diät zu beginnen, ist der Sommer. Der Körper verlangt nach wenig Fett. Gemüse und Obst finden Sie in reicher Auswahl.

Sie finden hier mehrere Diätvorschläge. Ihre Aufgabe ist es, diejenige auszuwählen, die für Ihren Organismus und für Ihr Temperament am geeignetsten ist. Vor strenger oder langanhaltender Diät sollen Sie unbedingt den Arzt befragen, ebenso, wenn Sie salzarm essen wollen.

1. Kaloriendiät:

Die normale durchschnittliche Kalorienzufuhr für einen Erwachsenen beträgt ca. 2500 Kalorien pro Tag.
Wenn Sie Diät halten wollen, verbrauchen Sie nur zwischen 1500 und 2000 Kalorien pro Tag. Jugendliche dürfen 1800 Kalorien nicht unterschreiten, es könnten sich Gesundheitsschäden einstellen. Wählen Sie Nahrungsmittel, die arm an Kalorien sind (s. Kalorientabelle), aber reich an Eiweiß und Vitaminen (s. Vitamine).
Sie können, wenn Sie mit der Kaloriendrosselung nicht übertreiben, gefahrlos abnehmen. Wollen Sie nach der Kur Ihr Gewicht halten, so essen Sie durchschnittlich nicht mehr als 2000 Kalorien täglich. Abweichungen nach oben und unten, dem Temperament und der Beschäftigung angepaßt, sind möglich.

2. Salzarme Diät:

Salzen Sie sehr wenig. Salz bindet das Wasser im Körper.

3. Französische Diät:

Mixen Sie die Marinaden mit Joghurt oder Zitrone und mit grünen Kräutern. Statt Vollmilch trinken Sie Magermilch (siehe Milch). Anstelle von Pommes frites verspeisen Sie Pellkartoffeln oder noch besser: gegrillte Kartoffeln. Trinken Sie während der Mahlzeiten möglichst nicht. Erlaubt ist nach dem Essen ein Glas Flüssigkeit nach Belieben. Zwischen den Mahlzeiten und vor dem Schlafengehen dürfen Sie Mineralwasser, Frucht- und Gemüsesäfte, Kräutertees und Magermilch bis zu einem Liter trinken.

Für die Verdauung hilft morgens nüchtern und vor dem Schlafengehen ein Glas Mineralwasser, körperwarm getrunken.

Vermeiden Sie jede Art von Alkohol während dieser Kur, essen Sie wenig Brot und auch dann nur Vollkorn- und Knäckebrot.

Naschen Sie nie zwischen den Mahlzeiten, es schadet Ihrer Linie.

Machen Sie so viel wie möglich Gymnastik, treiben Sie Sport (siehe dort), und gehen Sie jeden Tag eine größere Strecke zu Fuß.

Meiden Sie jede Art von Fett, ebenso stärkemehlhaltige Speisen, Süßwaren und Mehlspeisen. Schlafen Sie während dieser Zeit ausreichend.

4. Vier-Tage-Schockkur:

Vor dieser Kur und den folgenden Diätvorschlägen müssen Sie Ihren Arzt befragen.

Bei dieser Diät nehmen Sie mit Sicherheit ab. Die Nahrungsmittel sind so aufeinander abgestimmt, daß sie die Ausscheidung erleichtern und die Entschlackung des Körpers begünstigen.

1. Tag

Mittags: Hammelkotelett, gegrillt, 1 Orange.

Abends: 1 Beafsteak gegrillt, Salat ohne Marinade, rohe Tomaten, Gurken, 1 Orange, 1 Tasse Tee ohne Zucker.

2. Tag

Mittags: 2 Hammelkoteletts gegrillt, 1 rohe Tomate, 1 Grapefruit, 1 Tasse Kaffee oder 1 Tasse Tee, beides ohne Zucker.

Abends: 2 Lammkoteletts, gegrillt, 1 hartes Ei, Spinat ohne Fett- oder Sahnezusatz, 1 Tomate gedünstet, 1 Orange, 1 Tasse Tee mit Zitrone ohne Zucker.

3. Tag

Mittags: 1 Beafsteak, gegrillt, 2 rohe Tomaten, 1 Grapefruit, 1 Tasse Tee oder Kaffee ohne Zucker.

Abends: 2 Eier, weich gekocht, Wasserspinat, 2 rohe Tomaten, 2 Zwieback mit Marmelade, 1 Grapefruit, 1 Tasse Tee oder Kaffee ohne Zucker.

4. Tag

Mittags: 1/2 Hühnchen, eventuell auch ein ganzes, Wasserspinat, Wasserkarotten, 2 Zwieback, 1 Grapefruit, 1 Tasse Tee ohne Zucker.

Abends: 1 Kotelett gegrillt, 2 rohe Tomaten, 50 g Kekse, 1 Tasse Tee ohne Zucker.

Das Frühstück während dieser Vier-Tage-Kur besteht aus einer Tasse Tee oder Kaffee ohne Milch und ohne Zucker, mit zwei Scheiben Knäckebrot ohne Butter.

Essen Sie während der vier Tage salzlos, ohne Zucker und ohne Butter.

Zwischen den Mahlzeiten darf nichts gegessen werden.

Gehen Sie viel spazieren, ruhen Sie sich aus, machen Sie keine anstrengenden Hausarbeiten, nehmen Sie Urlaub vom Beruf. Widmen Sie Ihrer Haut ganz besondere Pflege.

5. Einmaliger Diättag:

Frühstück: Ungesüßter Orangensaft, Kaffee oder Tee ohne Milch, 1 Scheibe Schwarzbrot, Butter, Wurst oder Marmelade.

Abends: 1 Scheibe Schwarzbrot, Quark, 1 Ei oder gegrillter Fisch, Tomaten oder Wurzelgemüse.

Tagesgetränk: 1 Liter Tee oder Mineralwasser.

6. Diät nach Dr. Fage, Paris:

(Nur nach Rücksprache mit Ihrem Arzt)

Morgens: 1 Tasse Tee oder Kaffee ohne Zucker, eventuell ein Apfel.

Zu jeder Mahlzeit: Gegrilltes Fleisch oder Fisch oder Ei, grünes Gemüse oder Salate, mit Paraffinöl und Zitrone zubereitet, Käse oder Joghurt, wenig Obst.

Verboten sind: Brot, Zwieback, Kartoffeln, Nudeln, Reis, alle Saucen, Zucker, Süßigkeiten und Vollmilch.

Während der Mahlzeiten nichts trinken. Die Speisen möglichst wenig salzen.

Erlaubt ist $^1/_2$ Liter Mineralwasser ohne Kohlensäure zwischen den Mahlzeiten.

7. Zwei-Kategorien-Diät:

Eine Diät, bei der Sie essen können, soviel Sie wollen und trotzdem abnehmen, ist folgende:
Alle Nahrungsmittel werden in zwei Kategorien eingeteilt, und zwar in diätgebundene und diätfreie Nahrungsmittel.

Diätgebundene Nahrungsmittel:
Fleisch: Alle Fleischsorten ohne Ausnahme
Geflügel: alle Geflügelarten
Fisch: alle Fischarten
Wild: alles, ohne Ausnahme
Gemüse: Kartoffeln, alle stärkemehlhaltigen Gemüse und Artischocken
Obst: Bananen, Nüsse, getrocknete Feigen, Datteln, Kastanien
Süßwaren: Bonbons, Kuchen, Eis, Sahne, Schokolade, Zucker und alle zuckerhaltigen Speisen
Milch: Milch und alle milchhaltigen Nahrungsmittel, Käse, Butter etc.
Brot: Alles Brot einschließlich Knäckebrot und Zwieback
Getreide: Alle Getreidesorten
Getränke: Wein, Bier und alle alkoholischen Getränke
Beigaben: Salz, Öl, alle tierischen Fette.

Diätfreie Nahrungsmittel:
Obst: Äpfel, Grapefruit, Erdbeeren, Zitronen, frische Ananas (keine Konservenananas), Kirschen, Melonen
Gemüse: Tomaten, Salat, Karotten, Spinat, grüne Bohnen, alle Kohlarten – roh oder in Wasser gekocht
Getränke: Kaffee, Tee, Kräutertees – alles ungezuckert
Beigabe: Essig.
Von den diätfreien Nahrungsmitteln dürfen Sie während der Mahlzeiten soviel essen, wie Sie wollen. Diätgebundene Nah

rungsmittel dürfen Sie nur mit Einschränkungen genießen, und zwar:
Morgens: 1 diätgebundenes Nahrungsmittel nach Belieben
Mittags: 3 diätgebundene Nahrungsmittel nach Belieben
Abends: 2 diätgebundene Nahrungsmittel nach Belieben.
Haben Sie einmal die Wahl getroffen, dann dürfen Sie jede Menge von den ausgesuchten Speisen essen.

Beispiel:
Frühstück: Kaffee mit Zucker ohne Milch, ohne Brot
oder: Milchkaffee, ungezuckert und ohne Brot
oder: Kaffee, ungezuckert, ohne Milch, mit Brot

Mittag: Fleisch, gesalzen, Salat mit Marinade, Apfel
oder: Fleisch ohne Salz, Nudeln mit Butter, ohne Salz
oder: grüne Bohnen, in Wasser gekocht, Melone
oder: Fleisch ohne Salz, Wein, Pellkartoffeln, Erdbeeren.

Am Abend wählen Sie zwei diätgebundene Speisen, von denen Sie essen dürfen, soviel Sie wollen und dazu diätfreie Nahrungsmittel nach Belieben in jeder Menge.

Wenn Sie einmal Ihre Wahl getroffen haben, können Sie sich richtig satt essen.
Die Tabelle diätfreier und diätgebundener Nahrungsmittel werden Sie bald auswendig wissen. Richten Sie sich genau danach und essen Sie sich schlank! An diese Methode gewöhnen Sie sich schnell, und bald werden sich die ersten Erfolge einstellen.
Auch wenn Sie einige Zeit völlig diätfrei essen, beherzigen Sie folgende Punkte:

- Trinken Sie nur ausnahmsweise während des Essens.
- Essen Sie nicht zwischen den Mahlzeiten (Trinken ist erlaubt).
- Meiden Sie Alkohol.
- Reduzieren Sie Mehlspeisen auf ein Mindestmaß.
- Nach Einladungen oder sehr ausgiebigen Mahlzeiten legen Sie einen Diättag ein, entweder einen Obst- oder Milchtag oder Sie überspringen eine Mahlzeit. Das ist in jedem Fall gut und entgiftet Ihren Körper (s. Wochenendkuren).

Doppelkinn (s. Kinn)

Duschen

Die tägliche Morgendusche nach einigen Atemübungen am geöffneten Fenster soll nur kurz sein (s. Atmen). Beginnen Sie lauwarm und drehen Sie langsam auf kalt. Rubbeln Sie sich anschließend fest ab oder schlüpfen Sie, ohne sich abzutrocknen, in den Bademantel und dann nochmals ca. 10 Minuten ins Bett. Sie fühlen sich wie neugeboren.
Nach einer warmen Dusche sollen Sie, wenn es Ihre Gesundheit erlaubt, kalt abschließen. Wenn Sie frösteln, brechen Sie sofort ab. Nervöse nehmen zur Beruhigung eine warme Dusche.

Bürstenbad:

Als Ersatz für die morgendliche Dusche oder vor oder anschließend an diese, soll das Bürstenbad wie die kalte Dusche nur von gesunden Menschen genommen werden. Mit einer Massagebürste oder einem Massagehandschuh bürsten Sie kräftig den ganzen Körper durch, immer zum Herzen hin, bis alles gut durchblutet ist (s. Bürstenmassage).
Zum Schluß bearbeiten Sie mit einer weichen Bürste, sehr vorsichtig und ebenfalls in kleinen Kreisen, die Brust und den Hals bis hinauf zum Kinn.

Duschen der Brust:

Duschen Sie jeden Morgen Ihre Brust. Richten Sie den Strahl der Handbrause von unten nach oben auf die Brust und fahren Sie in kleinen Kreisen um die Brust herum, und zwar dreimal mit warmem Wasser, dreimal mit kaltem, aber nie eiskaltem, Wasser. Anschließend trockenfrottieren und mit Öl oder Büstencreme einfetten.

Duschen mit Strahl:

Der Wasserdruck wird von Fall zu Fall verschieden stark eingestellt. Die Durchblutung wird angeregt und das Abnehmen begünstigt.

Wechselduschen:

Sie üben auf die Haut eine intensive Massage aus, die sehr belebend wirkt.

E

Eipackungen

Eigelbpackung:

1. Haare
Normales Haar: Zusammensetzung: 1 Eigelb, 2 Eßlöffel Rum, einige Tropfen Olivenöl
Anwendung: Öl im Wasserbad erwärmen, Zutaten beimengen, gut mixen und gleichmäßig auf Haare und Kopfhaut auftragen. Mindestens 1 Stunde einwirken lassen.
Trockenes Haar: Zusammensetzung: 1 Eigelb, Olivenöl
Anwendung: wie oben.

2. Haut
Nur auf die gründlich gereinigte Haut auftragen.
Zum Nähren und Reinigen:
Zusammensetzung: 1 Eigelb, 1 Teelöffel Olivenöl, einige Tropfen Zitronensaft
Anwendung: Alle Zutaten vermischen und im Wasserbad erwärmen, auf Gesicht, Hals und Dekolleté auftragen und 15–20 Minuten einwirken lassen.

Gegen fettige Haut:

Zusammensetzung: 2 Eigelb, 1 Teelöffel Olivenöl, etwas Zitronensaft, 1 Messerspitze Mandelkleie
Anwendung: wie oben.

Eiweißmaske:

Zur Straffung:
Zusammensetzung: 1 Eiweiß, einige Tropfen Zitronensaft
Anwendung: wie oben.

Eiweiß

Die wertvollsten Eiweißträger sind Milch und Milchprodukte, vor allem Joghurt, Buttermilch, Quark und Magerkäse.

Eiweißbedarf

Der alternde Mensch braucht weniger Fett und Kohlehydrate, dafür steigt sein Bedarf an Eiweiß, und zwar besonders an tierischem Eiweiß.
Tierisches Eiweiß ist vorwiegend enthalten in Fleisch, Fisch, Eiern, Milch, Käse, Quark, Joghurt, Buttermilch. Pflanzliches Eiweiß ist unter anderem enthalten in Hülsenfrüchten, Brot und Kartoffeln.
Tierisches Eiweiß sättigt, ohne dick zu machen.
Überschüssige Mengen verwandeln sich nicht in Fett, sondern werden verbrannt.

Frau, sitzende Lebensweise	60 g tägl. Eiweißbedarf
Frau, körperlich tätig	60 g tägl. Eiweißbedarf
Frau, während der Schwangerschaft	85 g tägl. Eiweißbedarf
Frau, beim Stillen	100 g tägl. Eiweißbedarf

Eleganz

Eine elegante Frau ist gepflegt von Kopf bis Fuß. Sie hat Geschmack in der Wahl ihrer Garderobe und weiß sich auch den verschiedenen Gegebenheiten anzupassen. Sie wird zur Party nicht im Bürokleid erscheinen, und wenn sie Einkäufe macht, geht sie nicht im großen Make-up.
Auch die Accessoires sind aufeinander abgestimmt: Handschuhe, Tasche, Schuhe, Hut oder ein schickes Kopftuch. Der Unterwäsche schenkt sie große Beachtung. Sie ist tadellos und formt unauffällig die Figur. Die Schuhe sind modisch, aber bequem, deshalb ist auch ihr Gang locker und geschmeidig.

Sie gehorcht nicht blind den Vorschriften der Mode, sondern stimmt sie auf ihren ganz persönlichen Typ ab.

Ellbogen

Vergessen Sie bei der täglichen Körperpflege, und besonders bei der Bürstenmassage, Ihre Ellbogen nicht (s. Arme). Waschen Sie sie gründlich, bürsten Sie sie täglich und ölen Sie sie dann mit gutem Hautöl ein.

Zur Vorbeugung vor Runzeln und besonders rauhen Ellbogen tut ein warmes Ölbad gut.

So wird es gemacht:

Öl im Wasserbad erwärmen, in zwei Schüsselchen gießen und die Ellbogen einige Minuten darin baden.

Rissige und rauhe Ellbogen müssen Sie täglich seifen und bürsten und anschließend mit Nährcreme massieren.

Enthaaren

1. der Achselhöhlen:
   Durch im Handel erhältliche chemische Mittel. Gebrauchsanweisung befolgen.
2. der Augenbrauen:
   Die schonendste Art ist das Auflegen warmer Kompressen. Dadurch werden die Poren erweitert. Dann wird Vaseline aufgetragen, und die Härchen werden mit einer Brauenpinzette ausgezupft. Abschließend muß die Partie mit alkoholhaltigem Gesichtswasser abgetupft werden.
3. der Beine:
   Es gibt dazu mehrere Möglichkeiten:
   A. Mit einer im Handel erhältlichen Specialcreme sind die Haare in einigen Minuten entfernt. Diese Prozedur müssen Sie allerdings 1–2mal wöchentlich wiederholen, wenn es Sommer ist und Sie ohne Strümpfe laufen.

B. Mit Enthaarungswachs; es ist in Apotheken und Drogerien erhältlich. Damit ist die Enthaarung allerdings etwas schmerzhaft. Halten Sie sich genau an die Gebrauchsanweisung. In spätestens einem Monat müssen Sie den Vorgang wiederholen. Diese Methode ist auch für die Arme geeignet.

Sie können auch Wachsbänder kaufen. Diese werden aufgelegt und nach wenigen Minuten abgerissen. Die Haare bleiben kleben.

C. Mit heißem Enthaarungswachs. Es wird auch in Kosmetiksalons verwendet. Es ist etwas kostspielig, hält aber am längsten an.

Vermeiden Sie auf alle Fälle, lästige Körperhaare zu rasieren. Sie erreichen damit nur das Gegenteil: Der Haarwuchs wird schon nach wenigen Tagen größer und stärker.

Eine Methode, die nur vom Arzt oder Fachkosmetiker durchgeführt wird, ist die sogenannte »Epilation« oder Dauer-Haarentfernung. Jedes Haar wird einzeln mit einer elektrischen Nadel in der Haarpapille zerstört (s. Haare im Gesicht).

Enthärtungsmittel

Mittel, die das Wasser enthärten, sind: Borax, Natriumkarbonat, Polyphosphate.

Entschlackung

Um in Form zu bleiben, sollen Sie von Zeit zu Zeit eine ein- oder mehrtägige Entschlackungskur machen. Essen Sie Diät (siehe dort) oder machen Sie eine Wochenendkur (siehe dort).

Entschlackungstag nach Gaylord Hauser:

Frühstück: 1 Glas Orangen- oder Grapefruit-Saft
10 Uhr: Tomatencocktail (s. Cocktail)

11 Uhr: 1 Glas Orangen- oder Grapefruit-Saft
Mittag: 1 Glas Mix, bestehend aus $^{2}/_{3}$ Tomaten und $^{1}/_{3}$ Sauerkrautsaft
14 Uhr: Tomatensaft
Abend: Tomaten-Zitronen-Cocktail, Tomaten-Sauerkraut-Saft
Vor dem Schlafengehen: Saft einer Grapefruit.
Für andere Entschlackungstage bleiben das 1. Frühstück und der Grapefruit-Trunk vor dem Schlafengehen unverändert, tagsüber dürfen Sie zwischen Obst- und Gemüsesäften sowie Kräutertees wählen, ohne jedoch die Flüssigkeitsmenge zu über- oder zu unterschreiten.
Während der Ferien sollten Sie Zeit finden für eine eintägige Entschlackungskur.

Beispiel:
Frühstück: Obst
10 Uhr: Gemüsesuppe
Rezept: Spinat, Lauch, 1 Zwiebel, einige Karotten kleinschneiden und 20 Minuten in 1 Liter Wasser kochen
Mittags: Obst nach Wahl
Nachmittags: 2 Tassen Gemüsesuppe
Abends: 1 Joghurt
Vor dem Schlafengehen: 1 Apfel
Schwitzen, Laufen, Bürstenmassagen und richtige Atmung helfen mit, den Körper schneller zu entschlacken.
Gönnen Sie sich genügend Ruhe und treiben Sie mäßig Sport.
Fehlt Ihnen Zeit und Energie für eine Kur, trinken Sie nüchtern auf längere Zeit 1 Glas Karottensaft.
Er reinigt das Blut und macht den Teint strahlend und schön. Behalten Sie sich einen Teelöffel Saft als Gesichtslotion.
Das wirksamste Mittel zur Entschlackung des Körpers ist das Fasten. Gekochtes warmes Wasser, Gemüsesuppe, Frucht- und Gemüsesäfte unterstützen den Organismus.
Längere Fastenkuren dürfen Sie nur unter ärztlicher Aufsicht einschieben. Sie sind auf jeden Fall verboten, solange Sie abgespannt und nervös sind.

Entspannung

Ein entspannter Mensch leistet im Verhältnis zu einem Verkrampften das Doppelte in derselben Zeit und mit weniger Energieaufwand.

In den meisten Fällen genügen 10–15 Minuten Ruhe, um die Spannung zu lösen.

Oft sind es allein Ihre Augen, die überanstrengt sind. Schließen Sie mehrmals am Tag die Augen. Im Fahrstuhl, in der Straßenbahn, leicht und ohne die Lider aufeinander zu pressen. Im Sitzen legen Sie beide Handinnenflächen leicht auf die Augenlider und verbleiben so wenige Minuten.

Ein ausgezeichnetes Mittel, müde Geister wieder in Schwung zu bringen, sind Abreibungen mit Salzwasser:

Eine Handvoll Meersalz in einem Liter Wasser auflösen, mit der in dieser Lösung befeuchteten Hand den Körper abreiben.

Schönheitscocktails sind ein sofortiges Stärkungsmittel (s. Cocktail), oder aber: Trinken Sie ein stark gezuckertes, heißes Getränk. Es bringt augenblicklich erhöhte Kalorienzufuhr und stärkt Sie sofort.

Wenn möglich, nehmen Sie ein Entspannungsbad (s. Bäder), 10 Minuten lang, und ruhen Sie sich anschließend mindestens 15 Minuten aus, die Beine hochgelagert.

Sind Sie sehr verkrampft, setzen Sie sich auf einen Stuhl und lassen Sie Ihren Kopf durch sein eigenes Gewicht nach vorn fallen. Dann rollen Sie ihn auf die rechte Schulter, von dort nach hinten auf die linke Schulter und lassen ihn wieder nach vorne fallen. Machen Sie diese Rundbewegung mehrmals in die eine und in die andere Richtung.

Bei schweren Formen von Abgespanntsein hilft Ihnen eine klug gewählte Diät – Abmagerungskuren sind in Zeiten erhöhter nervlicher Anspannung verboten –, Ihren Körper schneller in Form zu bringen. Vielleicht liegt die Ursache Ihrer Ermüdung in falscher Ernährung. Nehmen Sie genügend Eiweiß, Vitamine

und Mineralstoffe zu sich. Auch die Mindestmenge an Kalorien muß stimmen.
Bemühen Sie sich auch, beherrscht und ruhig zu bleiben; denn Ruhe und Harmonie sind die besten Voraussetzungen, die Entwicklung giftiger Stoffe im Organismus zu verhindern (s. Diät und Nervosität).
Damit Sie nicht ermüden, empfahl der Pfarrer Kneipp das Wassertreten:
Lassen Sie in eine Badewanne kaltes Wasser laufen, bis Ihre Beine zur Hälfte bedeckt sind. Gehen Sie darin 1 Minute auf und ab. Am nächsten Tag verlängern Sie auf 2 Minuten und am vierten Tag dürfen Sie 4 Minuten lang wassertreten. Die Höchstdauer von 4 Minuten darf nicht überschritten werden. Hüllen Sie die Beine nach Beendigung gut in eine Wolldecke, ohne sie abzutrocknen, und gehen Sie schnell ins Bett.
Warme Bäder mit ca. 38–40° C Wassertemperatur wirken beruhigend. Geben Sie dem Badewasser beruhigende Badezusätze bei (s. Bäder und Badezusätze).
Erholen Sie sich oft auf dem Land, aber fahren Sie nicht stundenlang, wählen Sie ein nahegelegenes Dorf. Schlafen Sie viel. Im Schlaf werden verbrauchte Energien neu aufgeladen. Treiben Sie mäßig Sport, und schalten Sie in allem den Langsamgang ein. Machen Sie lange Spaziergänge, aber gehen Sie gelöst, entspannt. Die Arme lassen Sie baumeln. Atmen Sie tief, und betrachten Sie die Umgebung. Entspannen Sie bewußt auch Ihr Gesicht, aber lächeln Sie, lassen Sie nicht die Mundwinkel herabhängen.
Wenn Sie ruhen, sollen Sie mit dem ganzen Gewicht aufliegen. Geben Sie sich ganz dem Vergessen hin. Legen Sie gleichzeitig in Augenlotion oder Kamillenaufguß getränkte Wattebäusche auf die Augen.
Wenn Sie stehen und gehen, legen Sie das ganze Gewicht auf die Beine, schweben Sie nicht in der Luft.

Epilation (s. Enthaaren)

Ergrauen der Haare

Das Haar ergraut, wenn seine Pigmentstoffe sich reduzieren. Das Ergrauen der Haare kann verzögert werden, wenn Sie nach der Haarwäsche dem letzten Spülwasser Essig beigeben, und zwar im Verhältnis: $^1/_3$ Essig, $^2/_3$ Wasser.
Setzen sich die grauen Haare langsam, aber unablässig durch, lassen Sie sich von Ihrem Friseur helle Strähnen einfärben (s. Färben der Haare).

Ernährung

Selbst die Ernährung ist der Mode unterworfen. Was heute für gut befunden wird, muß übermorgen als unzureichend oder ungesund vom Speisenplan gestrichen werden.
Halten Sie sich in erster Linie an Ihren gesunden Verstand. Ihr Wohlbefinden ist die Tabelle, nach der Sie sich richten sollen. Beachten Sie die in den Lebensmitteln enthaltenen Mengen an Kalorien, Eiweiß, Vitaminen und Mineralstoffen sowie Fetten, und stellen Sie Ihre Kost so zusammen, daß sie gut ausgewogen und ausreichend ist und doch den Organismus wenig belastet (s. Nährwerttabelle).
Essen Sie langsam und mit Bedacht. Schalten Sie einmal wöchentlich einen Obst- oder Diättag ein (s. Diät und Wochenendkuren), er wird Ihnen in jedem Fall gut tun, und ersetzen Sie hin und wieder das Abendessen durch einen Joghurt oder eine Gemüsesuppe (s. Entschlackung).
Für gute Verdauung sind außerdem Ballaststoffe nötig. Ein Erwachsener mittleren Alters bei mittlerer Bewegung benötigt täglich ca.: 79 g Eiweiß, 49 g Fett, 396 g Kohlehydrate.
Eine richtig zusammengesetzte Nahrung bedeutet Gesundheit und lange Jugend.
Der Bedarf an Vitaminen, Mineralstoffen und Spurenelementen wird durch Rohkostsalate, Gemüse- und Obstsäfte gedeckt. Der alternde Mensch hat einen höheren Bedarf an Eiweiß als

der junge, heranwachsende Mensch, der dafür mehr Kohlehydrate benötigt (s. Eiweißbedarf).
Kinder benötigen an Eiweißzufuhr 10% der täglichen Kalorienmenge, 30% entfallen auf Fett und 55% auf Kohlehydrate.
Kohlehydrate sind enthalten in Brot, Kartoffeln, Zucker, Honig, Marmelade, Obst, Gemüse.
Fett ist unter anderem enthalten in Butter, Margarine, Öl, Schmalz, Ei, Milch, Käse, Fleisch, Fisch.
Auch für das Aussehen der Haut ist die Ernährung von großer Bedeutung.
Achten Sie:
- auf regelmäßige Verdauung
- täglichen Genuß von Obst und Gemüse, roh oder als Saft
- Einhaltung regelmäßiger Essenszeiten

und trinken Sie täglich ein Glas Vollmilch.

Eukalyptusbad

Es ist ausgezeichnet bei Erkältungskrankheiten:
15 Tropfen Extrakt von Eukalyptus träufeln Sie in das Badewasser. Anschließend sollen Sie sofort ins Bett gehen (s. Bäder).

Eyeliner

Eyeliner ist eine Lidstrichflüssigkeit, die mit dem Pinsel auf das Lid aufgetragen wird. Beim Abschminken wird der Lidstrich seitlich angehoben und vorsichtig abgezogen.
Die Farbe des Eyeliners soll mit Ihren Augenfarben harmonieren.
Blaue Augen: Grau, Blau oder Violettblau
Braune Augen: Violettblau, Grau, Braun, Dunkelgrau oder Schwarz
Grüne Augen: Grün, Grau, Braun je nach Farbton (s. Make-up).

F

Falten

Eines Tages erscheinen unweigerlich die ersten Fältchen. An Ihnen liegt es, diesen Zeitpunkt so lange wie möglich hinauszuschieben, und zwar durch eine natürliche und gesunde Lebensweise und durch gezielte Schönheitspflege. Die Fortschritte und Entwicklungen in der modernen Kosmetik helfen Ihnen dabei.
Hat alles andere versagt, bleiben als letztes Mittel noch kosmetische Eingriffe.

Vorbeugung:

Führen Sie ein natürliches Leben, meiden Sie ab 40 große Überanstrengungen und machen Sie vor allem keine gewaltsamen Abmagerungskuren. Sie werden dann sehr lange Ihre jugendliche Haut behalten.
Die Haut ist außerdem dankbar für einwandfreie Hygiene und kosmetische Pflege, die auf die Beschaffenheit der Haut abgestimmt sein muß.
Stellen Sie Ihren Hauttyp fest (s. Hauttest), und stimmen Sie Ihr ganzes Pflegeprogramm darauf ab.
Massagen zur Vorbeugung gegen verfrühte Faltenbildung zeigen gewisse Resultate, müssen aber gekonnt sein und sollen nur von einer Kosmetikerin durchgeführt werden.
Leichte Massagen an der Hautoberfläche in Verbindung mit der täglichen Pflege, von Ihnen selbst durchgeführt, haben wegen der Durchblutungsförderung eine faltenglättende Wirkung.
Gesichtsgymnastik (s. dort) ist ein gutes Falten-Gegenmittel.
Schälkuren haben großen Erfolg. Die Oberfläche der Haut schält sich ab, und darunter erscheint eine neue Haut mit ausnahmslos jungen Hautzellen (s. Schälkuren).
Kosmetische Operationen (s. Operationen, kosmetische) sind oft die allerletzte Zuflucht.

Vorbeugung und Pflege:

- Waschen mit Seesand-Mandelkleie in Verbindung mit leichter, kreisförmiger Massage.
- Leichtes Einklopfen oder Einstreichen von Anti-Faltencreme, Nähr- oder Feuchtigkeitscreme.
- Warme Umschläge mit Kamille. 30 Minuten einwirken lassen, lauwarm abwaschen und kalt nachspülen.
- Gesichtsgymnastik (s. dort).
- Eine Packung einmal wöchentlich ist das beste Vorbeugungsmittel gegen Falten (s. Masken und Packungen).

Augenfalten:

Täglich 8–9 Stunden Schlaf. Zartes Einstreichen einer Anti-Augenfaltencreme = Eye Cream um das Auge und auf das Lid. Zweimal wöchentlich warme Augenkompressen.

Stirnfalten:

Hände mit Nährcreme einfetten und abwechselnd mit der rechten Hand von links nach rechts, mit der linken Hand von rechts nach links über die Stirn streichen. Zehnmal insgesamt.
Fältchen an der Nasenwurzel leicht massieren. Mund- und Sprechfalten mit Öl oder Creme leicht glätten.

Mundfalten:

Mundgymnastik:

1. Lachen.

2. Mund schließen, dann zu einem O formen, Mund öffnen, mit geöffnetem Mund zu einem A, E, I, O und U formen.

3. Lippen gegeneinander reiben, mit den Zähnen auf die Lippen beißen.

Hausmittel bei kleinen Fältchen:

Mehrmaliges Waschen mit in Buttermilch getauchter Watte glättet entstehende Falten und wirkt vorbeugend gegen Faltenbildung.
Oberflächliche Fältchen sollen mit Straffungspräparaten behandelt werden.

Färben der Haare

Das Färben Ihrer Haare überlassen Sie am besten dem Fachmann. Sie gehen ein zu großes Risiko ein und erhalten selten die gewünschte Haarfarbe. Die Färbung läßt sich nicht mehr herauswaschen.

Eine Tönung:

Eine Tönung mit Tönungsshampoo können Sie selbst vornehmen. Wegen der nachwachsenden Haare müssen Sie die Haare alle 4–6 Wochen mit Farbshampoo waschen.
Getönte Haare wirken natürlich. Ein Tönungsshampoo genügt, um einige graue Haare abzudecken.

Eine Farbspülung:

Nach der Haarwäsche können Sie eine Farbspülung auch Zuhause vornehmen. Allerdings verschwindet das Ergebnis der Spülung bei der nächsten Haarwäsche. Ohne Furcht vor Nebenwirkungen dürfen Sie die Farbspülung bei jeder Haarwäsche anwenden.

Aufhellende Spülungen:

Diese Shampoos oder Spülungen machen Ihr Haar bei jeder Anwendung um einen Farbton heller. Erfolg damit haben Sie aber nur, wenn Ihr Haar naturfarben ist.

Spülungen mit Kamillenabsud:

Für blondes Haar haben diese Bäder einen leicht aufhellenden Effekt. 130 g Kamillenblüten in 1 Liter Wasser zum Erhitzen bringen, 3 Minuten kochen, 5 Minuten ziehen lassen. Mit sehr feinem Sieb filtrieren und als letzte Spülung gleichmäßig über das Haar gießen.

Feinde der Schönheit

Schlafmangel, Alkohol- und Nikotinmißbrauch, anstrengende Fastenkuren, Kummer und Krankheit (s. Schönheit).

Fesseln, geschwollene

Machen Sie Umschläge mit in Salzwasser getauchten und straff angezogenen Bandagen. Stärken Sie die Beinmuskulatur durch Gymnastik.

Gymnastik:

Aufrecht stehen und auf den Zehenspitzen wippen.
Auf den Zehenspitzen laufen.
Wassertreten ist ein ausgezeichnetes Heilmittel (s. Beine, geschwollene).

Massage:

Auf den Rücken legen, ein Bein hochheben, mit beiden Händen Fessel umfangen und die Hände mit leichtem Druck das Bein entlang gleiten lassen.
Zwicken Sie sich mit beiden Händen gleichzeitig von unten nach oben in die Beine. Wenn Sie Ihre Hände vor dem Massieren mit Abmagerungscreme einfetten, werden Sie schneller Erfolg haben.

Empfehlenswerte Sportarten:

Radfahren, Schwimmen, Tanzen.

Ist Cellulitis die Ursache, gehen Sie zu einem Facharzt (Cellulitis).

Fettleibigkeit

Der Fettleibige beansprucht durch sein Übergewicht alle Organe im Übermaß.
Folgende Symptome sind ein Zeichen der Ermüdung und des vermehrten Verschleißes:

1. Kurzer Atem: Ein Alarmzeichen für Lungen- und Herzschwache.

2. Arteriosklerose: Das Bindegewebe der Arterien begünstigt das Festsetzen von Fettkörpern an den Wänden.

3. Krampfadern: Die durch Fettleibigkeit bedingte schlechte Blutzirkulation und die schwachen Gefäßwände begünstigen das Auftreten der Krampfadern.

4. Rheumatismus: Durch das Übergewicht treten schmerzhafte Arthrosen auf. Der Zustand der Fettleibigkeit wird dadurch noch verschlechtert.

5. Verdauungsstörungen aller Art.

6. Zuckerkrankheit.

Alle Leiden werden gemildert oder geheilt, wenn die Fettleibigkeit rechtzeitig bekämpft wird (s. Diät, Abnehmen, Wochenendkur, Gewicht).
Suchen Sie gemeinsam mit Ihrem Arzt nach der Ursache. Wenn Ihre Ernährung ausgewogen und maßvoll ist, kann das Übergewicht die Folge einer ernsten Erkrankung sein (s. rundlich).

Fettverbrauch

Der tägliche Normverbrauch an Fett für einen Erwachsenen liegt zwischen 50–80 Gramm. Dazu zählen auch die in den Nahrungsmitteln enthaltenen Fette.
Fünfzig Prozent davon sollen ungesättigte Fettsäuren sein. Sie sind enthalten in Pflanzenölen und Diätmargarine.
Gesättigte Fettsäuren sind in Butter, Schmalz und in Pflanzenfetten.
Wer zu viel Fett zu sich nimmt, gefährdet besonders sein Herz.

Feuchtigkeit der Haut

Der Feuchtigkeitsgehalt der Haut bestimmt weitgehend den Alterungsprozeß. Feuchtigkeitsmangel macht das Gewebe schlapp und die Haut faltig.
Feuchtigkeitspräparate schützen die Haut vor übermäßiger Wasserausscheidung. Sie sind ideal als Make-up-Unterlage und als Tagescreme. Zusammen mit Nährcreme können sie auch nachts aufgetragen werden.
Auch die Lippen sind mit Feuchtigkeitspräparaten vor dem Austrocknen geschützt.

Figur

Eine schlanke Taille ist ein Zeichen von Jugendlichkeit. Ganz gleich, welches Alter Sie haben mögen, nach Ihrer Figur sollen Sie nicht älter als 20 sein.
Um möglichst lange eine schlanke Taille zu bewahren, machen Sie jeden Tag wenigstens 5 Minuten Gymnastik.

Gymnastik für die Taille:

- Auf dem Rücken liegend, beide Beine geschlossen hochheben. Die Hüften bleiben bewegungslos.

- Auf den Boden knien und Kopf und Oberkörper so weit langsam zurücklehnen, daß Ihre Hände den Boden berühren. Stützen Sie sich auf, machen Sie eine Brücke.
- Rückenlage, Beine geschlossen anziehen und von links nach rechts und rechts nach links wippen.
- Rückenlage, die Hände im Nacken den Oberkörper hochziehen.
- Auf einen Stuhl setzen, Beine ausgestreckt auf einem gegenüberliegenden Sessel ruhen lassen, Hände auf dem Rücken den Oberkörper vorbeugen und auf den waagrecht liegenden Beinen aufstützen.
- Beine gegrätscht, Hände nach oben gestreckt, wippen Sie den Oberkörper nach rechts und nach links, die Hüften müssen dabei bewegungslos bleiben.

Bauchlage. Stützen Sie sich auf den Händen auf. Den Kopf neigen Sie weit zurück und heben gleichzeitig die Beine nach rückwärts hoch. Kopf und Beine sollen sich so nahe wie möglich kommen.

Fingernägel

Der Fingernagel wächst, solange der Mensch lebt. Ab dem 30. Lebensjahr verlangsamt sich der Rhythmus.

Die Nägel müssen immer gepflegt sein, auch wenn sie nicht lakkiert werden.
Kranke Fingernägel (Streifen, Flecke, Rillen etc.) sind sehr oft die Folge falscher Ernährung. Pflegen Sie Ihre Nägel, und wenn sich trotzdem keine Besserung einstellt, gehen Sie zum Arzt.
Zur Angewohnheit sollen Sie es sich machen, nach dem Waschen die Nagelhaut zurückzuschieben. Anschließend wird Öl einmassiert, ein gebrochener Nagel geflickt oder abgebröckelter Lack ergänzt (s. Maniküre). Die Nägel dürfen nicht geschnitten, sondern nur gefeilt werden.

Weiche Nägel:

Sie sollen sie in einer Lösung aus Rizinusöl, mit einigen Tropfen Zitronensaft vermischt, regelmäßig mindestens 1 x wöchentlich ca. 10 Minuten lang baden.

Trockene und brüchige Nägel:

Sie brauchen viel Pflege. Sie müssen sie täglich einfetten und jeden Abend in warmes Öl tauchen. Pinseln Sie außerdem zweimal wöchentlich einen Nagelhärter auf. Achten Sie auf gesunde, ausgeglichene Ernährung. Nehmen Sie zusätzlich Eisenpräparate zu sich.

Nägel mit Rillen:

Vermeiden Sie einige Zeit den Nagellack. Baden Sie Ihre Finger regelmäßig in Mandelöl. Gehen Sie zum Arzt, schlucken Sie zusätzlich Kalzium.

Weiße Flecken:

Tragen Sie während der nächsten 10–14 Tage keinen Nagellack auf. Essen Sie Leber mit viel Gemüse. Nehmen Sie zusätzlich Vitamine zu sich (s. Vitamine).

Nagelwurzel:

Entzündete Nagelwurzeln können sehr unangenehm werden. Tauchen Sie die Finger öfter in eine Zitronenhälfte. Jeden Abend muß der Nagel mit Öl eingerieben werden.

Nagelbettentzündungen:

Die Ursachen sind oft nicht festzustellen. Manchmal genügt eine kleine Verletzung. Wenn diese nicht beachtet wird, können Sie unter Umständen den ganzen Nagel verlieren.

Vorbeugung:
Entfernen Sie die Nagelhaut ohne harten Gegenstand, langsam und schonend. Erweichen Sie die Haut durch Bäder, durch Einreiben mit Öl, und schieben Sie mit einem Tuch zurück.

Freude

Die Freude ist das beste Schönheitsmittel. Die Durchblutung wird aktiviert, die Muskeln straffen sich, besonders die Gesichtsmuskeln, die Atmung wird verbessert und der Stoffwechsel normalisiert.

Frisur

Durch eine gut gewählte Frisur können Unregelmäßigkeiten eines Gesichts ausgeglichen werden.

Rundes Gesicht: längliche Frisur, geteilten Pony, Seitenscheitel, fülligen Oberkopf

Dreieckiges Gesicht: kurzes Haar, Betonung der Wangenpartie und des Oberkopfes

Vorher: Die dünnen, halblangen Haare hängen fusselig herunter. Der flache Oberkopf verbreitert das Gesicht noch mehr.

Nachher: Der kurze Haarschnitt ist günstiger für die feinen Haare. Der Pony und der lockige Oberkopf strecken das Gesicht.

Längliches Gesicht: langer Pony, Pagenkopf, kurzer Haarschnitt

Viereckiges Gesicht: eine asymmetrische, romantische Frisur

Ovales Gesicht: jede Frisur

Bei kurzem Hals: kurzer Haarschnitt und eine halsfreie Frisur
Langer und magerer Hals: halblange Haare
Tragen Sie nicht Jahr für Jahr dieselbe Frisur, wechseln Sie den Haarschnitt und pflegen Sie Ihr Haar. Der beste Friseur kann nicht zaubern, wenn Ihr Haar spröde und leblos ist (s. Haare). Tragen Sie die Frisur, die Ihrem Temperament entspricht. Haben Sie wenig Zeit zur Haarpflege – wählen Sie eine einfache Frisur. Nehmen Sie auch Rücksicht auf die Beschaffenheit Ihres Haares.
Tragen Sie kurzes Haar, wenn Sie

- fettes und
- feines Haar haben oder
- eine Brille tragen.

Es ist unbedingt notwendig, daß Sie es verstehen, sich selbst Wasserwellen zu legen, auch wenn Sie jede Woche zum Friseur gehen. Eine Wasserwelle sollen Sie nur einmal wöchentlich nach der Haarwäsche machen. Damit die Frisur länger hält, befeuchten Sie Ihr Haar mit ein wenig Bier, Zitronensaft oder einem käuflichen Haarfestiger. Bier tönt Ihre Haare leicht dunkel, Zi-

trone hellt blonde Haare um eine Nuance auf. Trennen Sie sorgfältig Strähne für Strähne, rollen Sie sie auf Haarwickler oder über den Finger und befestigen Sie diese mit einem Klipp. Ihre Frisur wird schöner, wenn Sie soviel Wickler oder Klips wie möglich verwenden.
Bei langem Haar wählen Sie sehr große Rollen, ganz kleine Wickler sollen Sie dann verwenden, wenn Sie eine gekräuselte Frisur wünschen. Ponys und Nackenhaare kämmen Sie feucht über dicke Wattestreifen und befestigen Sie mit Klebestreifen. Sechser rollen Sie auf und befestigen Sie entweder mit Klips oder mit Klebestreifen.

Frisur I

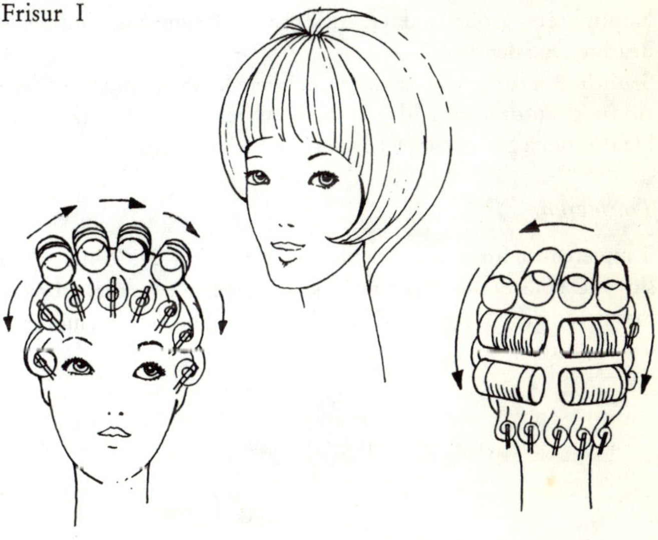

Vorne: 4 große Wickler.
Wickeln Sie die Haare in Richtung des Pfeiles.
Seitenhaare: Eindrehen und mit Klips befestigen.
Hinterkopf: 4 große Wickler in Pfeilrichtung aufdrehen. Die unteren Haare rollen Sie in zwei Linien auf und halten Sie mit Klipsen fest.

Frisur II.

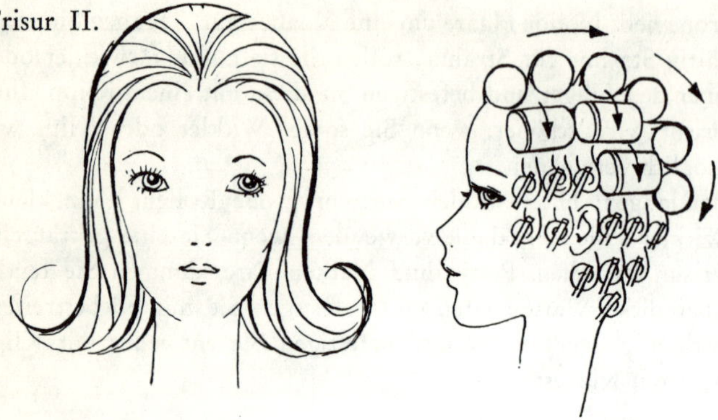

Kopfmitte: 6 große Wickler. An der Stirn beginnend, eindrehen. Beachten Sie den Pfeil.
Seitlich: 3 mittelgroße Wickler und viele kleine Locken in Pfeilrichtung aufdrehen und mit Klipsen festhalten. Ganz kurze Haare rollen Sie in entgegengesetzter Richtung ein.

Toupieren:

Toupieren ist für die Haare nicht sehr gut (mit der Zeit spalten sich die Haare), aber für manche Frisuren notwendig. Bürsten Sie zuvor die Haare gut durch, bevor Sie mit dem Kamm ein-

zeln die Strähnen toupieren. Halten Sie das Haarbüschel oben fest und kämmen Sie mit dem Kamm von oben nach unten. Am Haarboden sollen die Haare am dichtesten sein. Toupieren Sie zart und ohne Gewalt. Anschließend formen Sie das Haar mit der Bürste zur gewünschten Frisur.

Frostbeulen

Sorgen Sie immer für gute Durchblutung. Nehmen Sie Wechsel-Fußbäder. Gehen Sie in hartnäckigen Fällen zum Arzt.

Frühling

Reichliche Zufuhr von Vitaminen vertreibt die Frühjahrsmüdigkeit. Nehmen Sie diese in Form von Obst- und Gemüsesäften zu sich. Trinken Sie sich frühlingsfit. Bevorzugen Sie Zitrusfrüchte wegen ihres hohen Vitamin-C-Gehaltes, dem »Energie-Vitamin«.
Vitamin C finden Sie außerdem in Petersilie, Rosenkohl und grünen Salaten (s. Vitamine).
Das Schönheitsvitamin A ist enthalten in Karotten, Leber, Eigelb, Käse, Butter, Äpfeln usw.

Tip:

- Mohrrüben- und Apfelsinensaft zu gleichen Teilen mixen und täglich 3 Gläser trinken, macht die Haut schon nach kurzer Zeit schön.
- Tomaten- und Selleriesaft zu gleichen Teilen mixen, einige Tropfen Zitronensaft beifügen, das vertreibt die Frühjahrsmüdigkeit.
- Reich an Eisen und Magnesium ist ein Mixgetränk aus: $^1/_3$ Grapefruitsaft mit $^2/_3$ Kohlsaft.
- Anstelle von Grapefruitsaft können Sie Zitronensaft verwen-

den und für den Saft von normalem Kohl auch Rotkohlsaft (s. auch Cocktail).

In Ihren Speisenplan nehmen Sie auf:

Geriebene Äpfel, rohes Sauerkraut, Magerquark.

In Ihre Getränke rühren Sie Bierhefe. Sie ist in Reformhäusern erhältlich. Ein Teelöffel Bierhefe genügt für ein Glas Flüssigkeit. Streichen Sie alle Naschereien. Trinken Sie zur Entgiftung des Körpers nüchtern täglich eine Tasse Blutreinigungstee und sorgen Sie immer für gute Verdauung (s. Verdauung und Entschlackung).

Verzichten Sie besonders im Frühling nicht auf Morgenduschen und Bürstenmassagen, denn sie unterstützen den gesunden Kreislauf. Gehen Sie einmal wöchentlich in die Sauna und zweimal wöchentlich zur Unterwassermassage.

Unreine Haut reiben Sie mit Mandelkleie ab.

Bei sehr großem Vitaminmangel befragen Sie Ihren Arzt. Vielleicht rät er Ihnen zu einer dreimonatigen Vitaminkur in Form von Tabletten.

Füße

Achten Sie auf gesunde Füße. Sie sind Voraussetzung für Ihr Wohlbefinden.

Wichtig für einen gesunden Fuß ist ein gesunder Schuh. Er darf nicht zu kurz oder zu eng sein, die Absätze sollen keine Gehbehinderung verursachen. Der Schuh muß sich bequem Ihrem Fuß anpassen. Wählen Sie bei Fußbeschwerden Schuhe mit Ledersohlen, vermeiden Sie Gummisohlen. In schmerzende Schuhe streuen Sie Puder.

Nehmen Sie jeden Tag ein Fußbad. In das Badewasser geben Sie einen Zusatz aus der Drogerie oder Apotheke. Tragen Sie zuhause Gymnastiksandalen.

Sehr erfrischend sind am Morgen Abreibungen (s. dort) mit Franzbranntwein oder Alkohol. Am Abend wirken heiß-kalte Wechselfußbäder mit erfrischenden Badezusätzen belebend. Reiben Sie die Füße anschließend mit Balsam ein.

Fußbäder:

Erleichterung bringen Fußbäder mit Meersalz oder grobem Küchensalz.
Brennende Füße bekommen ein warmes Fußbad mit ca. 37° C Wassertemperatur und Zusätzen von Zinnkrauttee oder Roßkastanienessenz. Diese stärken die Füße und erweichen gleichzeitig die Hornhaut. Sie können diese dann mit Bimsstein oder Hornhauthobel entfernen.
Bleibt Ihnen zu einem Fußbad keine Zeit und haben Sie noch etwas vor, reiben Sie die Füße naß ab, möglichst kalt, massieren Sie eine Fußsalbe ein und wechseln Sie die Strümpfe.

Fußpflege:

Sie benötigen:
Seife, Bürste, Schere oder Fußnagelzange, Feile, Bimsstein oder Hornhauthobel, Balsam und Öl.
Die Fußnägel müssen gerade geschnitten werden, der Nagel wächst sonst in das Fleisch. Hornhaut schaben Sie mit Bimsstein oder Hornhauthobel ab, die Nagelhaut schieben Sie mit dem Handtuch oder einem Holzstäbchen zurück (s. Pediküre).
Haben Sie Schwierigkeiten mit der Fußpflege, gehen Sie zur Pediküre.

Fußdeformationen:

Plattfüße: Empfohlen sind Massagen und Abreibungen.
Schwielen: Empfohlen: Kreisförmige Massage jeden Abend mit Hautöl.
Andere Deformationen: Gehen Sie zu einem Orthopäden.

Fußgymnastik:

Füße unbekleidet auf einer Flasche rollen, und zwar:
eine Minute auf der Fußmitte, eine Minute auf der Außenkante, eine Minute auf der Innenkante.

Eine Minute auf den Fußspitzen laufen, eine Minute auf den Fersen gehen: Insgesamt 5 Minuten.

- Springseil springen a) auf einem Fuß, b) auf beiden Füßen, c) auf den Zehenspitzen,
- Im Sitzen Füße aus dem Gelenk rollen, zehnmal nach links, zehnmal nach rechts.
- Mit den Zehen einen Bleistift fassen und hochheben.
- Abwechselnd auf den Zehenspitzen gehen und dann auf der Außenkante der Füße.
- So oft wie möglich barfuß laufen.
- Kniebeugen machen am Morgen und am Abend.
- Wechselduschen mit anschließender Bürstenmassage kräftigen und beleben.

G

Gang

Ein schöner Gang ist locker und aufrecht.
Folgende Übungen helfen, Verkrampfungen zu lösen:

1. Beine schwingen, viermal hoch, viermal zurück, so hoch es geht. Jedes Bein abwechselnd zehnmal.
2. Seilspringen macht elastisch und beweglich: Zuerst mit beiden Beinen springen, dann abwechselnd auf einem Bein.
3. Stehen, Beine schließen, einen großen Schritt nach vorn machen, federn und den Fuß wieder zurücksetzen, dann, so weit es geht, den Fuß zurückstellen, durchfedern und wieder auf den Ausgangsplatz zurückkehren. Jedes Bein fünfmal im Wechsel.
4. Aus dem Stand hochspringen und dabei das linke Bein so weit wie möglich zur Seite strecken. Dann mit dem rechten Bein dieselbe Übung nochmals, fünfmal im Wechsel wiederholen.
5. Aufrecht stehen, die Arme waagrecht nach vorn ausstrecken. Ein Bein gestreckt nach vorn werfen. Die Fußspitze muß die Hand berühren. Auch diese Übung abwechselnd wiederholen.
6. Ziehen Sie auf dem Boden eine Linie oder spannen Sie eine Schnur. Legen Sie ein Buch auf den Kopf und schreiten Sie gerade, ohne von der Linie abzuweichen (s. Gymnastik).

Zu einem schönen Gang gehören auch schöne Beine (siehe dort).

Geschwollene Beine (s. Beine)

Gesicht

Nehmen Sie sich täglich 3 Minuten Zeit, in Verbindung mit dem Auftragen von Pflegepräparaten ganz behutsam das Gesicht zu massieren. Sie beugen verfrühter Faltenbildung vor.
Wenn Sie noch etwas ungeschickt sind und zu wenig Fingerspitzengefühl haben, überlassen Sie die Massage der Kosmetikerin. Außer dem Einstreichen der Pflegepräparate, das immer mit einer leichten Massage (s. Gesichtsmassage) verbunden ist, begnügen Sie sich mit dem Abklopfen der Hautoberfläche. Sie könnten sonst mehr Schaden als Nutzen anrichten.

Pflege:

Voraussetzung für jede erfolgreiche Gesichtspflege ist die allabendliche gründliche Reinigung der Haut.
Reinigen Sie eventuell mit enthärtetem Wasser, Enthärtungsmittel sind im Handel erhältlich (s. Enthärtungsmittel), mit Reinigungsmilch oder mit Reinigungscreme. Verwenden Sie nur saubere Gesichtstücher. Geeignet sind Zellstoff- bzw. Kosmetiktücher oder Wattebällchen. Diese sind auch für Augenkompressen geeignet. Klopfen Sie anschließend das Gesicht leicht ab, und betupfen Sie es mit Gesichtswasser. Ein Wattebausch wird mit etwas Wasser angefeuchtet und die Lotion aufgeträufelt.
Die Nähr- oder Feuchtigkeitscreme verteilen Sie gleichmäßig auf Gesicht, Hals und Dekolleté. Beginnen Sie bei der Augenpartie (s. Augen).
Dann streichen Sie von der Stirnmitte seitlich zu den Schläfen. Mit der Spitze des Zeige- und Mittelfingers massieren Sie in kleinen, kreisförmigen Bewegungen. Halten Sie mit einer Hand die Haut an der Schläfe nieder. Sie darf nicht gedehnt und nicht gezerrt werden. Mit der anderen Hand streichen Sie leicht kreisförmig die Haut, dann massieren Sie von der Nasenwurzel zum Haaransatz und vom Kinn nach beiden Seiten zu den Ohren. Die Wangen bearbeiten Sie mit den Handinnenflächen, den Mund umkreisen Sie mit zwei Fingern.

Ist Ihre Hand noch nicht feinfühlig genug, machen Sie auf alle Fälle nur eine leichte Klopfmassage.
Überschüssiges Fett tupfen Sie nach 10 Minuten ab.
Schützen Sie Ihre Haut vor Sonne und vor Kälte. Tragen Sie im Winter auch bei fettiger Haut eine leicht fetthaltige Feuchtigkeitscreme auf, im Sommer schützen Sie Ihre Haut mit einer guten Sonnenschutzcreme.

Unreine Haut:

Gegen unreine Gesichtshaut (siehe Akne) hilft eine Packung mit Heilerde, erhältlich in Drogerien und Reformhäusern.
Rezept:
Verrühren Sie 3 Eßlöffel destilliertes Wasser, Zitronensaft, Öl oder Kräutertee mit der Heilerde zu einem Brei. Tragen Sie gleichmäßig auf, und waschen Sie nach 30 Minuten lauwarm ab. Kalt duschen.

Normale Haut:

Kräuterpackung aus Kamillenblüten- mit Arnikatee:
Tauchen Sie ein Kompressen- oder Baumwolltuch in den Tee und winden Sie es aus. Legen Sie das Tuch so heiß wie möglich auf das Gesicht. Breiten Sie ein Wolltuch darüber, und wechseln Sie nach 15 Minuten. Legen Sie eine frische Packung auf. Nach 30 Minuten nehmen Sie die Packung ab, spülen lauwarm und massieren Nähr- oder Feuchtigkeitscreme ein.

Trockene und nervöse Haut:

Quark-Bananen-Karottenpackung:

Rezept:
A. Quark mit Milch und etwas Honig
B. Quark mit Bananen und Zitrone oder Milch, Buttermilch oder Joghurt

C. Quark mit fein geriebenen Karotten und Milch, Zitrone oder Joghurt
D. Bananen mit Zitrone oder Milch, Joghurt oder Buttermilch
E. Karotten mit Milch oder Zitrone

Quarkmaske:

2 Eßlöffel Quark, 1 Eßlöffel Milch, 1 Teelöffel Honig, 1 Messerspitze Borax gut mischen, schaumig schlagen und auf Gesicht, Hals und Dekolleté gleichmäßig auftragen.

Gegen erschlaffte Gesichtshaut:

Täglich mehrmals heiße Umschläge mit Milch machen.

Gegen fettige, großporige Haut:

- waschen mit Mandelkleie
- zweimal wöchentlich abends mit Gurkenwasser einreiben
- einmal wöchentlich eine Eiweißmaske auftragen (s. Masken und Packungen)
- mehrmals mit verdünntem Zitronensaft waschen

Radikalkur für eine schöne Gesichtshaut:

Einmal pro Woche eine Kräuterkompresse auflegen.

Rezept:
Fein zerriebene Kamillen-, Lavendel- und Lindenblüten zu gleichen Teilen mischen. 3 Eßlöffel dieser Mischung auf ein Tuch legen, dieses mehrmals gut einschlagen und in kochendes Wasser legen. Wenn sich das Wasser verfärbt, das Tuch herausnehmen, abtropfen und abkühlen lassen. Das noch gut warme, aufgerollte Tuch über das Gesicht legen und noch ein trockenes Tuch darüberbreiten. Wenige Minuten einwirken lassen, und mit einer kalten Kompresse von 4 Minuten Dauer abschließen.

Schnellhilfe:
Für ein müdes, abgespanntes Gesicht ist eine Gesichtsdusche mit Spray zu empfehlen. Spraymasken können zur Not auch über das Make-up gesprüht werden.

Gesichtsdampfbäder

Gesichtsdampfbäder fördern die Durchblutung, erweitern die Poren und wirken tiefenreinigend. Sie wirken heilend bei fettiger und grauer Haut.
Bei trockener Haut sollen Sie Gesichtsdampfbäder meiden und dafür Kompressen auflegen (s. Kompressen).

Verwenden Sie folgende Kräuter:

Für normale Haut: Kamille, Salbei
Für fette Haut: Kamille, Salbei, Lindenblüte, Schafgarbe
Für Mischhaut: Kamille, Salbei, Lindenblüte.
Anwendung:
Reinigen Sie Ihr Gesicht gründlich. Bereiten Sie starken Kräutertee – auf 1/2 Liter Wasser ca. eine Handvoll Blüten – und gießen Sie diesen möglichst heiß in eine Schüssel. Beugen Sie Ihr Gesicht ganz nahe darüber und breiten Sie über den Kopf ein weites Tuch, damit der Dampf nicht entweichen kann. Er soll so heiß wie möglich sein. Lassen Sie ihn höchstens bis 10 Minuten einwirken.
Anschließend waschen Sie Gesicht, Hals und Dekolleté mit dem noch warmen Sud, trocknen die Haut zart ab, ohne zu zerren, und tragen Fettcreme auf.
Wenn Ihr Gesicht ganz abgekühlt ist, spülen Sie mit kaltem Wasser leicht nach.
Nicht öfter als einmal wöchentlich.
Bei Erkältungskrankheiten:
Zusatz von Eukalyptusextrakt.

Bei unreiner Haut:
Ein Vierminuten-Dampfbad aus Kamillen- und Lindenblütentee.
Gegen Gesichtsfalten:
Kamillendampfbäder mit Salbeitee als Zusatz oder Lindenblütentee als Zusatz.

Gesichtsgymnastik

Stärken Sie die Gesichtsmuskeln durch Gymnastik, und beugen Sie der Fältchenbildung vor, aber übertreiben Sie nicht. Sie müssen völlig entspannt sein, alle gewaltsamen Bewegungen sind schädlich.
Vor jeder Übung fetten Sie Gesicht, Hals und Dekolleté gut ein.

Augen:

Rollen Sie die Augen langsam im Kreise. Öffnen Sie die Augen weit, dann schließen Sie die Lider. Bewegen Sie die Augen langsam nach oben, drehen sie dann zur Seite, nach unten und auf den äußersten Augenwinkel, in einem großen Kreis (s. Augengymnastik).

Gegen Hängebacken:

Schließen Sie den Mund und lachen Sie mit aufeinandergepreßten Zähnen Ihr breitestes Lächeln.

Gegen Hohlwangen:

1. Wangen aufblasen. Die gesammelte Luft von einer Wange zur anderen schieben.
2. Nehmen Sie einen Trinkhalm und saugen Sie »trocken«. Dann versuchen Sie es ohne Halm und mit leicht gespitztem Mund.

Hals:

1. Kopf nach hinten legen, Unterkiefer nach vorne schieben, die Zunge weit herausstrecken.
2. Rückenlage, Kopf langsam heben und mit dem Kinn die Brust berühren.
3. Nach allen Seiten den Kopf kreisen lassen.
4. Kopf mit Schwung in den Nacken werfen und nach vorn fallen lassen.

Mund:

Machen Sie einen Schmollmund, dann berühren Sie mit der Oberlippe einige Male die Nase.
Mund spitzen und ein Liedchen pfeifen.

Gesicht:

Wackeln Sie mit den Ohren.
Verschieben Sie bei geschlossenem Mund das Unterkiefer hin und her.

Gummi kauen:

So widerlich es auch anzusehen ist, das Kaugummi-Kauen ist ein gutes Training für alle Gesichtsmuskeln.

Gesichtsmassage

Gesichtsmassagen sollen Sie nur bei gutem Fingerspitzengefühl und sehr behutsam ausüben. Sie darf insgesamt nicht länger als 7 Minuten dauern. Alle Partien müssen gut eingefettet sein.
Hals: Vom Ansatz bis zum Kinn leicht abklopfen, dann vom Hals bis zu den Ohren und von dort zum Nacken.
Augen: Vorsichtig klopfend umkreisen (siehe dort).
Kinn: Kinn aufwärts zu den Wangenknochen zart klopfen.
Nase: Von der Nasenmitte den Backenknochen entlang zu den Schläfen in kreisenden Bewegungen leicht klopfen.
Massieren Sie immer beide Gesichtshälften gleichzeitig.

Gesichtswasser

Gesichtswasser wird nach der Reinigung der Haut aufgetragen. Es soll nicht nur erfrischen, sondern auch den letzten Rest der Reinigungsmilch entfernen.
Der Alkoholgehalt im Gesichtswasser entzieht der Haut Fett. Verwenden Sie daher bei:
trockener Haut: Eine milde Lotion mit 4–6% Alkoholgehalt
fetter Haut: Gesichtswasser mit 15–20% Alkoholgehalt
normaler Haut: Gesichtswasser mit 8–15% Alkoholgehalt.
Bei Mischhaut sollen Sie eine 4–6%ige Lotion bevorzugen. Sie können Gesichtswasser auch mit verschiedenen Kräuterzusätzen kaufen.
Befeuchten Sie einen Wattebausch mit etwas Wasser, träufeln Sie Lotion darauf, und tupfen Sie damit Hals und Gesicht vorsichtig ab.

Gewicht

Als Norm galt früher: Das Gewicht in Kilogramm entspricht der Körpergröße in Zentimetern minus 100.

Beispiel: Größe 150 cm – 100 = 50. Gewicht: 50 kg.
Heute betrachtet man diese Regel mit Skepsis. Jetzt gilt sie als äußerste Gewichtsgrenze, z. B. für Menschen mit schwerem Knochenbau.
Als Norm gilt heute: Soviel Kilo Gewicht wie Zentimetergröße über dem Meter minus zehn Prozent.
Beispiel: Größe: 155 cm sind 55 kg – 5,5 kg = 49,5 kg, das Idealgewicht (s. Abnehmen – Zunehmen).
Kontrollieren Sie sich, wiegen Sie sich täglich zur selben Stunde, ohne Bekleidung oder immer mit derselben Garderobe. Messen Sie den Bauchumfang jede Woche und schreiben Sie die Zahl auf.
Beunruhigen Sie sich nicht, wenn Sie ca. 8–10 Tage vor der Periode etwa 500 Gramm mehr wiegen. Sie werden nach Beendigung wieder Ihr altes Gewicht haben.
Bleibt die Gewichtszunahme unverändert, befragen Sie Ihren Arzt.

Grundausrüstung

Körperpflege:

Massagebürste bzw. -handschuh
Massageöl
Enthaarungscreme
Körperlotion
Körperbürste für das Bad

Gesichtspflege:

Reinigungsmilch
Gesichtswasser
Feuchtigkeitspräparate
Tagescreme
Nachtcreme
Zupfpinzette
Gesichtsbürste

Mund:

Lippenstift
Konturenstift
Lippenpinsel
Lippenpomade

Augen:

Wimpernbürste
Wimpernzange
Wimpernwuchsmittel

Make-up:

Wimperntusche
Brauenbürste
Brauenstift
Lidschatten (fest, flüssig, Stift)
Eyeliner
Schwämmchen
Korrekturenstift
Teintgrundierung
helles Hautpastell
dunkles Hautpastell
Gesichtspuder
Puderbürste
Kompaktpuder mit Pinsel
Rouge, flüssig oder Stift
Abschminköl

Haarpflege:

Kamm
Bürste
Spray
Haarfestiger
Shampoo
Haartrockner
Klips
Wickler
Nadeln
Haarwasser

Maniküre:

Nagelfeile
Nagelhautentferner
Nagellack
Nagelschwämmchen
Nagellackentferner
weißer Nagelstift
Holzstäbchen
Nagelöl

Pediküre:

Nagelzange
Hautöl
Holzstäbchen
Bimsstein
Fußbalsam
Hornhauthobel
ev. Nagellack
Nagellackentferner

Allgemein:

Seife, Watte, Kosmetiktücher
Spiegel: 1 körperlanger Spiegel, eventuell dreiteilig
1 Vergrößerungsspiegel

Badezusätze:

Schaumbad (Roßkastanie mit Weizenkeimöl)
Kosmetikkoffer: Verwandeln Sie einen Werkzeugkasten, im Kaufhaus für ca. DM 10,– erhältlich, für zu Hause in einen praktischen Kosmetikkoffer. Alle wichtigen Dinge sind hier raumsparend leicht unterzubringen.

Gymnastik

Tägliche Gymnastik ist für die Gesundheit und das Wohlbefinden unerläßlich. Es ist besonders wichtig, daß Sie die Übungen täglich durchführen und keinen Tag überspringen.
Die Bewegungen im Beruf und im Haushalt reichen nicht aus. Der Körper benötigt dringend eine Ausgleichsgymnastik. Halten Sie Ihr einmal festgesetztes Gymnastikprogramm eisern durch. Wählen Sie diejenigen Übungen, die Ihrem Körper besonders gut tun. Turnen Sie morgens und abends wenigstens 5 Minuten, aber machen Sie dies regelmäßig.
Gymnastikübungen sollen mit Lockerungsübungen abwechseln.

Arme:

- Bauchlage, die Arme abwechselnd so hoch wie möglich ausstrecken.
- Bauchlage, Arme anwinkeln, Oberkörper hochstemmen.
- Stehen, Arme kreisen lassen.
- Stehen, Arme vor- und zurückbaumeln lassen.

Bauch:

- Rückenlage, Beine heben und in Scherenform bewegen. Der Rücken muß unbeweglich am Boden bleiben. Zehnmal sollte man diese Übung wiederholen.

- Sitzstellung, Beine im Wechsel hochheben, anziehen, strecken. Zugleich mit diesen Bewegungen von Sitz- zur Rückenlage wechseln.
- Rückenlage, Arme nach oben strecken, ohne Zuhilfenahme der Arme langsam aufrichten, zurückfallen lassen, Oberkörper wieder aufrichten.

- Rückenlage, beide Beine strecken und hochheben, niedersetzen, hochheben.
- Rückenlage, Beine strecken, Oberkörper mit Schwung nach vorne aufrichten, neigen und mit der Stirne die Beine berühren.
- Bauchlage, Kopf hochhalten, ebenso die gestreckten Beine und mit dem Körper wie eine Waage hoch- und niederwippen. Oberkörper hoch, Beine hoch.

Beine:

- Beine schließen, locker stehen und abwechselnd eine Ferse so hoch wie möglich heben mit angewinkeltem Knie.

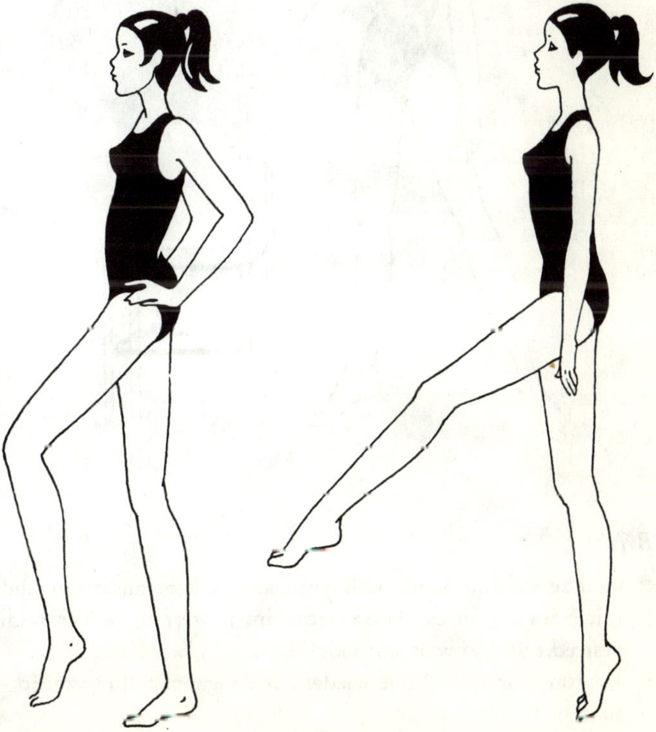

- Auf den Zehenspitzen stehen, einen Fuß heben und das Gewicht auf einen Fuß verlagern.
- Die Arme auf einen Stuhl stützen, zehn Kniebeugen, hoch auf die Zehenspitzen und nieder auf die Fersen setzen.

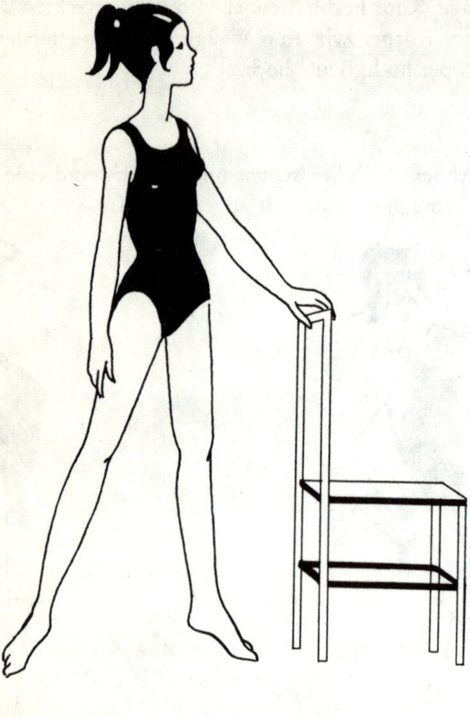

Brust:

- Gerade stehen, Arme nach vorn ausstrecken, ausatmen und mit Schwung beide Arme nach hinten werfen, immer noch gestreckt und so weit wie möglich.
  Einatmen und die Arme wieder zur Ausgangsstellung zurückführen.

- Arme in Scherenform kreuzen, öffnen und schließen. Nach vorn, seitwärts, mit erhobenen Armen über dem Kopf, hinter dem Kopf und hinter dem Rücken.
- Am Tisch sitzend, die Arme zur Hälfte auflegen. Pressen Sie mit ganzer Kraft auf die Platte. Bis 5 zählen!

Hüften:

- Auf einem Stuhl sitzend, die Arme auf der Rückenlehne verschränken. Dann abwechselnd das gestreckte linke und dann das rechte Bein heben, immer schneller werden.
- Knieen, mit Schwung neben die Beine setzen, abwechselnd nach rechts und nach links, zehnmal jede Seite.
- Grätschstellung, Arme in die Hüften, Oberkörper seitlich rechts und links so weit wie möglich neigen.

Taille:

- Auf allen Vieren kriechen.
- Am Boden sitzend, Beine in Grätsche gestreckt halten. Zuerst linkes Bein heben, gestreckt halten und mit der rechten Hand das linke Bein berühren, mit dem Oberkörper darf nachgegeben werden. Dann das andere Bein.

- Beine schließen, Arme strecken, Oberkörper und Arme nach vorne neigen, dann seitwärts, zurückbeugen und auf die andere Seite, einen großen Kreis zeichnen.
- Aus dem Stand springen, Arme und Beine durchstrecken.
- Rumpfkreisen, dreimal links, dreimal rechts herum. Knie abbiegen.
- Schneidersitz, Arme waagrecht halten, Oberkörper mit Schwung und ausgestreckten Armen so weit wie möglich nach rechts und links drehen. Jede Seite siebenmal.
- Rückenlage, Arme im Nacken verschränkt, Oberkörper hochheben.
- Grätschstellung, Arme in die Hüfte, Oberkörper so weit wie möglich nach links und nach rechts drehen.

Lockerungsübungen:

- Im Springen Arme und Beine ausschütteln.
- Rückenlage, Arme über den Kopf strecken. Mit Schwung Oberkörper heben und auf die Beine legen, sofort zurückrollen und Beine mit Schwung über den Kopf schwingen.
- Kniebeugen auf den Zehenspitzen, Kniebeugen auf ganzem Fuß stehend.

- Radfahren: Rückenlage, Beine nicht übermäßig anheben und zwei Minuten radfahren.

Allgemeine Gymnastik:

Wenn Sie unlustig oder schlecht gelaunt sind, fehlt Ihnen der Bewegungsausgleich. Machen Sie 5 Minuten Gymnastik.

Kreislauf anregend:

Barfuß seilspringen, abwechselnd mit dem rechten, dann mit dem linken und zum Schluß mit beiden Beinen springen.

Schlank und beweglich werden:

- Rumpfwippen nach vor und zurück, nach links und nach rechts.
- Grätschstellung, Oberkörper nach vorn neigen, mit den Fingerspitzen beider Hände.
  1. den linken Fuß berühren, 2. den rechten Fuß berühren, 3. den Boden zwischen den Beinen berühren, dann durchfedern, Oberkörper aufrichten und von vorne beginnen.

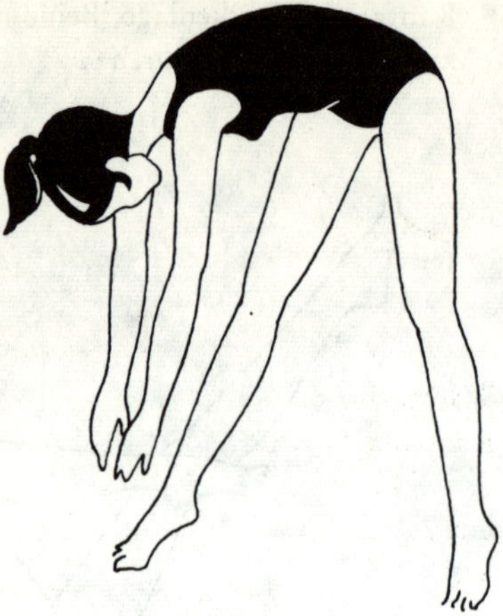

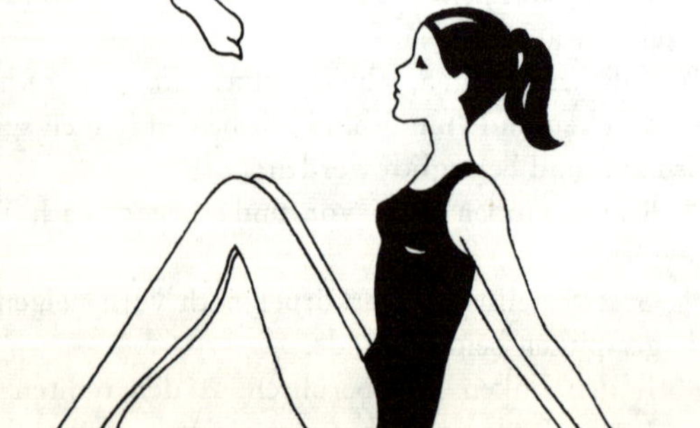

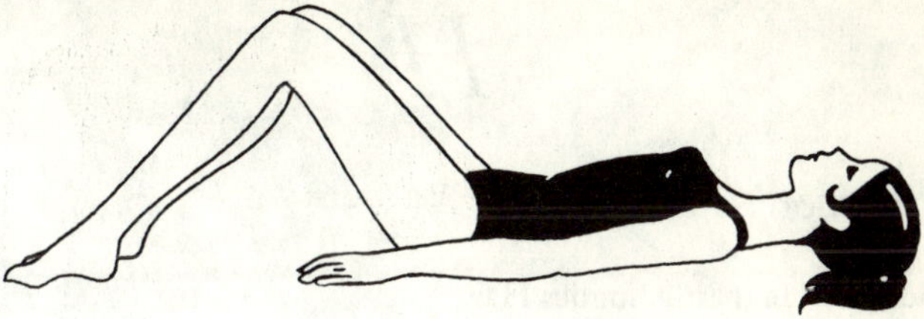

Wachturnen:
Rückenlage, Knie anziehen, Arme im Nacken verschränken, mit den Füßen abstützen und Becken hochheben und dabei einatmen, Becken senken, gleichzeitig ausatmen, zehnmal wiederholen.

Müde Beine frischmachen:

- Grätschstellung, Oberkörper nach vorn neigen, Beine gestreckt halten. Jede Hand umfaßt ein Fußgelenk, die linke Hand das linke, die rechte Hand das rechte Gelenk.
  Versuchen Sie zu gehen und dann zu hüpfen.

Ideal für Berufssitzenbleiber:
Suchen Sie sich ein mittelgroßes Möbelstück aus, knieen Sie davor nieder und halten Sie sich mit beiden Hände daran fest. Dann lassen Sie die Beine langsam nach hinten gleiten, bis der ganze Körper durchgestreckt ist.

H

Haare

Schönes Haar ist gesundes Haar.
Zur täglichen Pflege gehört häufiges Bürsten und Lüften der Haare, sowie Zufuhr von Vitaminen und Nährstoffen äußerlich und innerlich.
Hausfrauen, die viel in der Küche stehen, sollen ein Kopftuch umbinden, da Haare jeden Geruch aufnehmen.

Pflegetips:

- Waschen Sie Kamm und Bürste täglich.
- Lassen Sie das Haar nach Möglichkeit an der Luft trocknen.
- Massieren Sie nach dem Bürsten die Kopfhaut mit den Fingerspitzen beider Hände.
  Bei Schuppen bürsten Sie zart und vorsichtig, bei fettigem Haar sollen Sie die Kopfhaut nicht bürsten.

Gesundes Haar:

Sie sollten täglich die Haare bürsten und massieren. Alle 8 Tage wird das Haar gewaschen. Vor dem Waschen reiben Sie die Haare mit Olivenöl ein oder mit einer Mischung aus:
1 Eigelb, 3 Eßlöffel Rum und einige Tropfen Olivenöl (s. Haarpackungen).
Geben Sie ein Frotteetuch oder eine Badehaube darüber und lassen Sie die Mischung eine halbe Stunde einwirken.
Achten Sie auf gesunde Ernährung. Essen Sie Obst, Gemüse, mageres Fleisch, Fisch usw. (s. Ernährung).

Trockenes Haar:

Waschen Sie die Haare zwei- bis dreimal im Monat mit Spezialshampoo mit Öl- oder Lezithinzusatz (s. Haarpackungen, Öl-

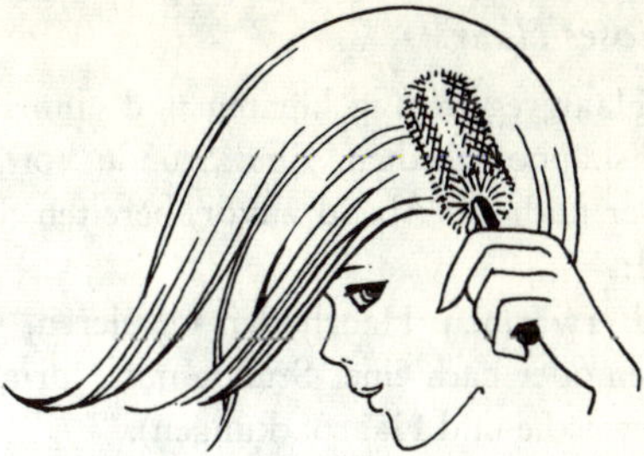

massage). Massieren Sie täglich ölhaltiges Haarwasser in kreisenden Bewegungen leicht ein. Die Haare müssen viel gebürstet werden, damit die Talgdrüsen angeregt werden. Bürsten Sie am besten mit einer Naturborste. Fonen Sie die Haare nie heiß.

Trockene Haare bekommen folgende Eipackung:

1 Eigelb mit einigen Tropfen Olivenöl im Wasserbad erwärmen, verrühren und gleichmäßig auftragen.

Plastik- oder Badehaube aufsetzen. Nach einer Stunde mit Shampoo herunterwaschen.

Am Morgen kämmen Sie die Haare mit Frisiercreme. Machen Sie öfter eine Massage mit Haarwasser oder Rizinusöl zur besseren Durchblutung der Kopfhaut.

Brüchiges, farbloses Haar:

Sie müssen das Haar regelmäßig bürsten und einmal wöchentlich mit Vitaminshapoo waschen. Eine Stunde vor der Kopfwäsche oder besser noch am Abend zuvor, bereiten Sie für Ihre Haare ein Ölbad:
Öl in Wasserbad erwärmen, Haarboden massieren. Mit Häubchen schlafengehen oder nach einer Stunde mit Normalshampoo waschen (s. Haarwäsche und Haarpackungen).

Sprödes Haar:

Einmal wöchentlich eine Haarkur.
Packung: abwechselnd mit Eipackung/Cholesterinpackung/Lanolinpackung.

Oder Sie streichen eine Joghurtpackung auf:
Einen halben Joghurt mit etwas Rizinusöl vermengen, 10 Minuten auf dem Haar lassen, mit Spezialshampoo waschen.

Fettiges Haar:

Das ist die Folge einer Überfunktion der Talgdrüsen. Waschen Sie es einmal wöchentlich mit Spezialshampoo mit Antifettwirkung. Vermeiden Sie starkes Massieren der Kopfhaut. Setzen Sie das Haar oft Wind und Sonne aus. Dem letzten Spülwasser geben Sie 3 Eßlöffel Essig bei (s. Haarwäsche und Haarpackungen).
Reinigen Sie Ihre Haare zwischendurch mit Trockenshampoo oder Puderspray:
Am Abend einpudern, mit Kopftuch schlafen und am Morgen sorgfältig ausbürsten. Trockenshampoo hat außerdem den Vorteil, daß Ihre Frisur nicht naß wird.
Fettes Haar darf nicht zu heiß gewaschen werden. Eine Kräuter- oder Schwefelpackung einmal wöchentlich tut fettigem Haar gut. Ihre Ernährung soll reich sein an Vitaminen und Eiweiß. Auf Süßigkeiten, fette und scharf gewürzte Speisen sollen Sie verzichten.
Ein kurzer Haarschnitt ist zur Pflege des fettigen Haares vorzuziehen.

Angegriffenes Haar:

Die Spitzen müssen regelmäßig abgeschnitten werden. Verwenden Sie Spezialshampoo und Kurfestiger. Machen Sie einmal wöchentlich eine Packung (s. Haarpackungen). Toupieren Sie nicht bis an die Spitzen.

Dichtes, glänzendes Haar:

Der Haarwuchs wird gefördert, wenn Sie täglich eine Minute die Kopfhaut massieren.

Glanzloses Haar:

Einmal wöchentlich machen Sie eine Spezialkur.
Hausmittel: 1 Eigelb, 2 Eßlöffel Öl und etwas Zitronensaft verrühren, im Wasserbad erwärmen, auftragen.

Schuppiges Haar:

Sie müssen das Haar sehr vorsichtig bürsten und mit Spezialshampoo waschen (s. Haarpackungen). Unterscheiden Sie die gelblichen von den grauen Schuppen.
Gelbliche Schuppen, die verkrusten und Ekzeme bilden, müssen vom Hautarzt angesehen werden.
Trockene, graue Schuppen werden mit Antischuppenshampoo bekämpft. Gut spülen, nicht zu warm fönen. Machen Sie täglich Massagen mit Anti-Schuppen-Haarwasser.

Haarfärben:

Graues Haar können Sie zu Beginn durch Tönungsshampoos abdecken. Essigspülung verzögert vorzeitiges Ergrauen der Haare (siehe dort).
Heller wird blondes Haar um eine Nuance, wenn es mit Kamillentee gespült wird (s. Färben der Haare).

Farbloses Haar:

Durch eine Essigspülung bekommt das Haar wieder Glanz.

Feines Haar:

Nach der Wäsche sollte feines Haar mit einem Kurfestiger eingedreht werden. Die Haare behalten eine Woche ihre Form. Beim Aufwickeln verwenden Sie am besten keine Borstenwickler. Ziehen Sie die Borsten heraus. Bei besonders feinem Haar umwickeln Sie die Rollen mit Watte.

Haarausfall

Sie verlieren auf natürliche Weise immer einige Haare. Machen Sie sich deshalb keine Gedanken. Das Haar wächst im Monat ca. 1 cm auf die Dauer von 5–7 Jahren. Dann hört das Haar zu wachsen auf, es stirbt ab.
Bei gesundem Haarboden wird das tote Haar durch ein neues ersetzt, das wiederum 5–7 Jahre lebt und wächst.
Was Sie fürchten müssen, ist krankhafter Haarausfall.
Krankhafter Haarausfall kann vererbt werden, und ist meist bei fettigem Haar vorzufinden. Haarausfall kann aber auch die Folge von Hormonstörungen sein, manchmal ist er eng gekoppelt mit Verdauungsstörungen, Erschöpfung und Nervosität.
Gehen Sie zum Arzt, um die Ursache festzustellen. Wenn Sie das Grundübel heilen, ist auch der Haarausfall behoben.
Äußerliche Anwendung: Bürsten Sie die Kopfhaut und das Haar täglich mit einer überzogenen Drahtbürste. Massieren Sie zweimal in der Woche ein Spezialhaarwasser ein. Bürsten und bearbeiten Sie das Haar mit entfetteten Präparaten.

Haare im Gesicht (s. auch Enthaaren)

Betupfen Sie die Härchen mit folgender Mixtur:
Wasserstoffsuperoxyd wird mit einigen Tropfen Salmiak vermengt. Wiederholen Sie diese Prozedur mehrmals am Tag. Die Haare werden hell und brechen langsam ab.

Haare im Urlaub

Bei Reisen im offenen Auto oder wenn Ihr Haar viel dem Wind und der Sonne ausgesetzt ist, schützen Sie es durch ein Kopftuch. Wickeln Sie die Haare des Mittel- und Hinterkopfes auf Wickler und besprühen Sie die Haare leicht. Sie sehen nicht nur hübscher aus unter dem Tuch, sondern Ihre Frisur wird gleichzeitig aufgefrischt.

Das Meerwasser schadet Ihrem Haar nicht, aber Wind und Sonne trocknen es aus. Geben Sie täglich einen kleinen Tupfen Frisiercreme auf Ihre Handfläche. Streichen Sie mit der Bürste darüber, und bürsten Sie die Haare durch. Nehmen Sie auf keinen Fall eine größere Menge Creme.

Haarpackungen

Haarbeschaffenheit:	Packung:	Anwendung:
Normales Haar	Ei Cholestrin Öl Vitamin	1 x im Monat
Fettiges Haar	Kräuter Schwefel	1 x im Monat
Trockenes Haar	Ei Öl Vitamin Lanolin Cholesterin Joghurt	2 x im Monat
Elektrisches Haar	Kräuter Vitamin	2 x im Monat
Brüchiges Haar	Öl	2 x im Monat
Störrisches Haar	Cholesterin Lanolin	2 x im Monat
Schuppiges Haar	Öl	2 x im Monat

Haarspray

Pflegende Haarsprays schützen das Haar vor Sonne, Wind und Feuchtigkeit. Sie geben außerdem dem Haar und der Frisur Halt. Verwenden Sie Haarspray mäßig. Zu häufige Anwendung macht das Haar spröde. Besprühen Sie das Haar aus mindestens 30 cm Entfernung, und bürsten Sie jeden Abend gründlich jeden kleinen Rest aus.
Während einer Haarkur verwenden Sie Spray nur, wenn es unbedingt sein muß.

Haarteile (s. Perücken)

Haarwäsche

Je nachdem welche Beschaffenheit Ihr Haar hat, waschen Sie es ein- bis zweimal pro Woche. Es gibt pflegende Spezialshampoos für jeden Haartyp.
Verwenden Sie zur Haarwäsche niemals Seife. Verbrauchen Sie das Shampoo zu je zwei gleichen Teilen. Waschen Sie also die Haare in einer Wäsche zweimal.
Zuvor bürsten Sie den letzten Rest Lack herunter, dann feuchten Sie den Kopf an und geben die Hälfte des Shampoos darauf. Jetzt massieren Sie zart und ohne zu zerren den Haarboden. Beim ersten Mal kommt das Shampoo kaum zum Schäumen. Spülen Sie gut durch und reiben Sie die zweite Hälfte des Shampoos ein. Erst jetzt wird es stark schäumen. Massieren Sie Kopf und Haare gut durch. Sie sollen mindestens dreimal spülen, zum Schluß mit lauwarmem bis kaltem Wasser.
Um glänzendes Haar zu bekommen, setzen Blondinen dem letzten Spülwasser den Saft einer halben Zitrone zu.
Brünette bevorzugen 3 Eßlöffel Essig.
Anschließend rollen Sie das Haar auf Wickler (s. Frisur).
Kleie zur Haarwäsche reinigt die Kopfhaut gründlich und gibt dem Haar Glanz.

Haarwasser

Sie können Haarwasser für jeden Hauttyp in der Drogerie kaufen. Träufeln Sie mit der Pipette, die der Packung beiliegt, die Lotion auf die Kopfhaut. Das Naßwerden der Haare wird dadurch verhindert.

Hals

Der Hals verrät Ihr wahres Alter. Vergessen Sie deshalb nie, ihn in Ihr tägliches Pflegeprogramm einzubeziehen. Der Hals muß wie das Gesicht gepflegt und geschützt werden und bekommt dieselben Cremes, Lotions und Packungen. Streichen Sie die Präparate vorsichtig mit der Handfläche in den Hals ein, und zwar in Auf- und Abwärtsbewegungen, oder Sie üben mit den Fingerspitzen eine leichte Klopfmassage aus. Lassen Sie die Halsmitte wegen der Schilddrüse am besten frei.
Die Haut soll dabei gespannt sein und nicht überdehnt werden. Massieren Sie bis hinter die Ohren, hier mit kleinen kreisenden Bewegungen.
Tragen Sie alle Vitamin- und Antifaltenmasken auf, die Sie für Ihr Gesicht verwenden, und machen Sie einmal wöchentlich eine warme Ölpackung speziell für den Hals:
Das im Wasserbad erwärmte Öl wird mit einem Pinsel aufgetragen oder Sie tauchen ein Kompressentuch in das warme Öl und umwickeln den Hals. Darüber legen Sie ein feuchtwarmes Tuch. Das Öl lassen Sie am besten über Nacht einziehen; tagsüber genügt, wenn Sie es 30 Minuten einwirken lassen. Waschen Sie warm nach, spülen Sie und massieren Sie reichlich Lotion von unten nach oben ein. Nährcreme wird zart einmassiert. Die Haut am Hals hat nur wenig Talgdrüsen. Sie ist daher für viel Fettzufuhr dankbar.
Verboten ist am Morgen das Waschen mit Seife, sie wäscht alle eingezogenen Nährstoffe wieder heraus. Tupfen Sie den Hals mit einem Gesichtswasser ab, spülen Sie mit kaltem Wasser nach, und tragen Sie Feuchtigkeitscreme auf.

Schlaffe Haut:

Sie wird durch heiß-kalte Wechselkompressen gestrafft. 10 Minuten sollte man diese Kompresse einwirken lassen.

Trockene Haut:

Machen Sie einmal wöchentlich einen Ölwickel. Lassen Sie das Öl über Nacht einwirken.

Gegen Falten:

Heiß-kalte Wechselkompressen und Cremmasken:
Tragen Sie Fett- oder Nährcreme millimeterdick auf, geben Sie ein Kompressentuch darüber, und darauf breiten Sie nochmals ein feuchtwarmes Tuch, das Sie mit einem Wolltuch bedecken.
Zeigen sich die ersten Falten, können Sie noch etwas dagegen tun:
Lassen Sie sich vom Apotheker folgende Zutaten mixen:
10 g reines Lecithin
100 g Mandelöl
30 g Lanolin
Massieren Sie die Haut lange und sehr sanft, bis sie warm ist.
Außerdem hilft zarte Massage mit Nährcreme. Nährcreme und obige Mixtur helfen auch bei magerem Hals.
Eine Packung, mit Spezialcreme, 20 Minuten lang aufgelegt, hilft bei faltigem Hals.

Bei rauher Haut und Gänsehaut am Hals:

Waschen Sie den Hals mit Mandelkleie. Anschließend machen Sie eine zarte, kreisförmige Bürstenmassage mit einer zarten Gesichtsbürste. Zum Schluß spülen und mit Öl einreiben.

Bei fleckigem, gelbem Hals:

Verwenden Sie eine Bleichcreme. Machen Sie zusätzlich Kräuterpackungen. Über das in den Kräutertee getauchte Tuch legen Sie ein zweites, das Sie in siedend heiße Milch getaucht haben. Es muß gut ausgewrungen sein. Lassen Sie die Packung 15 Minuten wirken.

Halsgymnastik

Folgende Übungen halten Ihren Hals beweglich und schlank:

1. Kopf kreisen lassen: Kopf entspannt auf die Brust legen und langsam im Kreis herumrollen, dreimal in Uhrzeigerrichtung, dreimal in entgegengesetzter Richtung.
2. Den Kopf so weit wie möglich nach rechts oder nach links drehen und mit einem Ruck auf die andere Seite werfen.
3. Kopf auf die Brust fallen lassen und mit Schwung in den Nacken werfen.

Achten Sie auf gute Körperhaltung. Gehen Sie gerade, halten Sie den Kopf hoch. Nachts sollen Sie möglichst ohne Kissen schlafen.

Recken und strecken Sie sich und drücken Sie dabei die Schultern herunter (s. Haltung).

Sie können den Hals mit Hilfe von Ohrgehängen und Halsbändern optisch verlängern oder verkürzen.

Haltung

Die Haltung des Körpers verrät viel über den Charakter und die augenblickliche Stimmung eines Menschen. Eine gedrückte, ängstliche Person geht und bewegt sich leicht gebückt und in sich zusammengesunken, ein selbstbewußter Mensch hat eine gerade Haltung und geht mit festen Schritten.

Umgekehrt aber beeinflußt auch die äußere Haltung Ihre Stimmung. Tragen Sie daher den Kopf bewußt hoch, strecken Sie den ganzen Körper, und Ihre Stimmung wird sich augenblicklich bessern.

Zur geraden Haltung gehört ein aufrechter Gang und eine posi-

tive Lebenseinstellung (s. Gang). Ihre Haltung soll Lebensbejahung ausstrahlen.
Folgende Übungen helfen:

- Gehen Sie einmal wöchentlich schwimmen.
  Durch den Schwimmsport wird der ganze Körper massiert und durchgestreckt. Ihre Haltung wird elastisch, die Durchblutung wirkt sich auf Ihren gesamten Organismus positiv aus.
- Machen Sie Streckübungen: am Abend, wenn Sie im Bett liegen und am Morgen nach dem Erwachen. Räkeln Sie sich wie eine Katze.
- Lockerungsübungen lösen Ihre Verkrampfung und verbessern die Haltung.

Haltungsübungen:

1. Arme hochheben, den ganzen Körper durchstrecken, die Bauchmuskeln spannen und auf den Zehen durch das Zimmer schreiten.
   Langsam entspannen, Gewicht auf den Fuß zurückverlagern, Arme baumeln lassen und locker im Raum spazieren.

Abwechselnd je fünfmal.

2. Beine schließen, in die Hocke gehen, Hände vorne aufstützen und den ganzen Körper nach oben durchstrecken.

Sie müssen täglich an sich arbeiten, um eine gerade Haltung zu erreichen.
Ihr Bauch muß fest sein, damit Sie den Rücken geradestrecken können. Alle Gymnastikübungen für die Wirbelsäule stärken in erster Linie die Bauchmuskeln.
Machen Sie alle Übungen regelmäßig, nur dann ist ein Erfolg garantiert.

1. Rückenlage, heben Sie abwechselnd das rechte und das linke Bein ca. 40 cm vom Boden und setzen Sie es wieder ab, ohne daß die Beine den Boden berühren.
2. Rückenlage, beide Beine gemeinsam heben und Kreise in die Luft zeichnen.

3. Rückenlage, Arme verschränkt, heben Sie die Beine senkrecht in die Höhe.
   Becken heben und fallenlassen, wiederholen, dann Beine langsam absetzen.

Es genügt nicht, wenn Sie nur beim Gehen die Wirbelsäule durchdrücken.
Überwachen Sie alle Ihre Bewegungen, bis es Ihnen selbstverständlich geworden ist, sich in jeder Lage gerade zu bewegen.
Beim Sitzen: Ziehen Sie den Bauch ein. Die Beine legen Sie nicht über Kreuz, sondern stellen ein Bein neben das andere.
Beim Treppen steigen: Neigen Sie beim Heruntergehen nicht den Oberkörper vor, um die Stufen zu suchen. Gehen Sie aufrecht! Das gilt auch für das Aufsteigen.
Um etwas vom Boden aufzuheben: Gehen Sie in die Knie, aber beugen Sie nicht den ganzen Körper nach vorne.
Wenn Sie gehen, muß Ihr Körper gerade sein. Weder Hüften noch Schultern dürfen rollen. Ziehen Sie die Schultern nicht angespannt in die Höhe. Der Kopf darf nicht wackeln.

Hände

Die Hände verraten Ihr Alter ebenso wie das Gesicht. Beachten Sie folgende Grundregeln:
- Massieren Sie nach jedem Waschen eine gute Handcreme ein.
- Schützen Sie die Hände vor Kälte, tragen Sie im Winter Handschuhe.
- Im Haushalt, zum Gemüseputzen, für die Reinigung und bei Reparaturen ziehen Sie zum Schutz der Hände Gummihandschuhe an. Sie werden sich rasch an sie gewöhnen.

Wählen Sie aus dem großen Angebot das Präparat, das Ihnen am besten zusagt. Pflegen Sie gleichzeitig die Nägel, fetten Sie auch diese mit Creme oder Hautöl ein.
Sehr trockene und rauhe Hände:
Tragen Sie vor dem Schlafengehen reichlich Nährcreme auf, und

ziehen Sie nachts Handschuhe an. Tauchen Sie die Hände am Abend für einige Minuten in eine mit warmem Öl gefüllte Schüssel.

Hausmittel gegen rauhe Hände:

Reiben Sie mit einer Lotion aus Glycerin und Zitronensaft je zur Hälfte die noch feuchten Hände nach jedem Waschen ein.

Weiße Hände:

Um weiße Hände zu erhalten, werden sie mehrmals mit einer Zitronenscheibe eingerieben.
Machen Sie außerdem ein Salzbad:
100 g Meersalz in einem Liter Wasser einige Minuten kochen lassen. Die Hände 20 Minuten in diesem Wasser baden, das so heiß wie möglich sein soll. Gießen Sie immer wieder heißes Wasser zu, spülen Sie kalt und trocknen Sie sich gut ab.
Anschließend wird Fettcreme einmassiert.

Rote Hände:

Waschen Sie Ihre Hände nicht mit Seife, sondern mit Mandelkleie; tägliche Einreibungen mit Zitronensaft sind zu empfehlen.

Feuchte Hände:

Einreibungen mit Franzbranntwein bringen Linderung. Sie sollten aber Ihren Arzt befragen.

Schöne Hände:

Wann immer sich die Gelegenheit bietet, massieren Sie Ihre Hände, und zwar von den Fingerspitzen bis zum Arm mit einer guten Handcreme (s. Maniküre). Bewegen Sie die Finger jede freie Minute. Spielen Sie Luftklavier. Die Hände werden geschmeidig und schön.

Hängebacken (s. Gesichtsgymnastik)

Hängebrust (s. Operation, kosmetische)

Haut

Eine gesunde Lebensweise und ein natürlicher Lebensrhythmus sind die ersten Voraussetzungen für eine gesunde und schöne Haut.

Sorgen Sie:

- für ausreichenden Schlaf
- für viel Bewegung und frische Luft
- für eine geregelte Verdauung
- für eine richtige Ernährung

Die Ernährung ist von großer Bedeutung für Gesicht und Aussehen der Haut. Durch kosmetische Präparate aufgenommene Wirkstoffe erreichen nur einen Teilerfolg, wenn lebenswichtige Stoffe wie Vitamine, Mineralstoffe, Fett und Eiweiß Ihrem Körper fehlen oder nur in Mindestmengen vorhanden sind. Ihre Haut wird dann auch bei bester Pflege schlaff und welk, es bilden sich Falten, und der Alterungsprozeß des Körpers geht beschleunigt weiter.

Sorgen Sie für einen ausgewogenen Speisezettel (s. Ernährung und s. Nährwerttabelle).

In den Vitaminen (s. dort) liegt das Geheimnis für Schönheit und verlängerte Jugend. Fehlt z. B. das Schönheitsvitamin A, wird die Haut trocken, spröde, glanzlos und rissig, Wunden heilen schlecht, die Haut bekommt Falten, die Augen verlieren an Sehschärfe. Durch genügend Vitamin-A-Zufuhr werden diese Mangelerscheinungen behoben.

Vitamin A ist unter anderem enthalten in: Eigelb, Kalbsleber, Petersilie, Spinat, Karotten, Lebertran.

Vitamin D – für Ihre Schönheit ebenso wichtig – finden Sie u. a. in Eigelb, Butter, Thunfisch, Sardinen, Lebertran.

Machen Sie regelmäßig eine Kur mit Bierhefe:

1 Teelöffel Bierhefe in einem Glas Flüssigkeit jeder Art auflösen.
Trinken Sie täglich ein Glas Vollmilch. Die Milch enthält die meisten Vitamine und viele Mineralstoffe.
Es ist nie zu früh, mit systematischer Hautpflege zu beginnen. Je früher Sie es tun, desto besser sind die Voraussetzungen für guten Erfolg (s. Alter).
Lernen Sie Ihre Haut kennen (s. Hauttest) und ihre Reaktion auf die verschiedenen Präparate. Haben Sie eine Marke entdeckt, die Ihrer Haut gut tut, bleiben Sie bei dieser Firma und kaufen Sie von dieser alle ergänzenden Cremes und Pflegemittel.
Die Pflege der Haut besteht aus 3 Vorgängen:

1. Reinigen
2. Erfrischen
3. Schützen

Richtige und allabendliche Reinigung der Haut ist besonders wichtig. Sie reinigen am schonendsten mit Gesichtsmilch. Das Make-up entfernen Sie mit einem Spezialöl oder mit Rizinusöl. Reinigen Sie die Haut auch am Morgen sachgemäß. Die Talgdrüsen arbeiten auch nachts weiter. Gereinigt wird mit Watte oder mit einem Zellstofftuch. Beginnen Sie mit dem Augen-Make-up (s. dort).
Nach der Reinigung tragen Sie mit einem Wattebausch Gesichtswasser auf. Es schließt die Poren. Befeuchten Sie den Wattebausch zuvor ein wenig mit Leitungswasser.
Die Haut benötigt eine Schutzcreme gegen Witterungseinflüsse aller Art, gegen Staub und Wind. Wenn Sie ein Make-up auftragen, brauchen Sie eine pflegende Unterlage. Die Schutzcreme sollen Sie immer auftragen, auch ohne Make-up (s. a. Urlaub).

Normale Haut:

Verwenden Sie zur Reinigung Gesichtsmilch, Reinigungscreme oder Kleie. Verwenden Sie keine Seife.
Zur Erfrischung nehmen Sie ein stark alkoholhaltiges Gesichtswasser.

Tagsüber tragen Sie eine Tagescreme oder Feuchtigkeitscreme auf, nachts eine fetthaltige Feuchtigkeitscreme oder leichte Fettcreme. Augenpartie und Hals bekommen eine Spezialcreme. Vorbeugung und Pflege bei normaler Haut:
Quarkpackungen, Eimasken (s. Masken und Packungen).

Trockene Haut:

Trockene Haut wird schneller faltig. Zur Reinigung verwenden Sie keine Seife und auch kein warmes Wasser. Reinigen Sie die Haut mit Gesichtsmilch oder waschen Sie sie mit schwarzem Tee oder Zusatz von Zitrone im Wasser. Ihre Hautpflege muß besonders sorgfältig sein. Verwenden Sie nur enthärtetes Wasser, entweder Regenwasser oder eine Lösung mit 3%igem Borax.
Ihre Haut benötigt viel Feuchtigkeit. Tragen Sie Feuchtigkeitscreme auf, sie ist die ideale Make-up-Unterlage. Verwenden Sie flüssige Teintgrundierung. Auch nachts können Sie Feuchtigkeitscreme zusammen mit Nährcreme einstreichen. Sorgen Sie immer für gut feuchte Zimmerluft.

Vorbeugung und Pflege:

Milchschaumbäder und einmal wöchentlich eine Packung aus Quark mit Milch (s. Masken und Packungen). Empfehlenswert sind Kräutermasken und zweimal monatlich eine Erdbeermaske.
Erdbeermaske:
100 g Erdbeeren werden sauber gewaschen, zum Brei verrührt und auf das Gesicht aufgetragen. Nach 15 Minuten waschen Sie die Maske ab.
Hausmittel:
Kartoffelbrei-Maske aus rohen oder gekochten Kartoffeln mit roher Milch vermischt.
Zur Gesichtserfrischung dürfen Sie nur eine milde Lotion nehmen. Vermeiden Sie alle Präparate mit Alkoholzusatz. Gesichtswasser mit Kamillenzusatz sind zu empfehlen.

Fettige Haut:

Reinigen Sie Ihre Haut mit fettarmer Gesichtsmilch. Verwenden Sie eventuell Spezialreinigungsmilch, auch Seifen und Kräuterseifen. Tupfen Sie das Gesicht anschließend mit alkoholhaltigem Gesichtswasser ab, und massieren Sie fettarme Feuchtigkeitscreme ein. Die fettige Haut benötigt ebenso wie die trockene Haut viel Feuchtigkeit.
Make-up:
Entfernen Sie mit einem Papiertaschentuch oder Kosmetiktuch das überschüssige Fett. Pudern trocknet die Haut aus, Sie können es vermeiden, wenn Sie nach dem Make-up ein dünnes Leinenplättchen (es ist käuflich!) auf das Gesicht aufdrücken. Damit wird der Fettglanz aus dem Gesicht genommen.

Tips:

Grundieren Sie mit fettloser oder Feuchtigkeitscreme. Die Teintgrundierung soll matt sein, eventuell mit einem Hauch Puder.
Empfehlenswert:
Dampfbäder und Kompressen (s. Gesichtsdampfbäder).
Auf das gut gereinigte Gesicht geben Sie einmal wöchentlich eine Feuchtigkeits- oder Kräuterpackung oder eine Heilerde-Packung. Ein Eßlöffel Heilerde wird mit etwas abgekochtem Wasser und einem Teelöffel Honig vermischt und aufgetragen, oder: Mandelkleie mit etwas Olivenöl zu einem dicken Brei verrühren.
Orangenpackung:
2 Eßlöffel Orangensaft, 1/2 Eßlöffel Zitronensaft vermischen, auftragen, einwirken lassen.
Machen Sie ab 40 Jahren hin und wieder eine Packung zur Straffung der Haut.

Mischhaut:

Reinigen Sie sehr sorgfältig mit Gesichtsmilch. Dann wird unverdünntes Gesichtswasser auf die fettigen Hautpartien aufgetragen. Für die fettlosen Hautpartien verwenden Sie verdünnte Lotion.

Die fettigen Partien (Stirn, Nase und Kinn) behandeln Sie mit Feuchtigkeitspräparaten und Specialcremes, während Sie in das übrige Gesicht abwechselnd Nähr-Vitamin- und Aufbaucreme einklopfen.

Legen Sie einmal wöchentlich eine Schaum- oder Feuchtigkeitsmaske auf. Auch Kräuterpackungen sind für Mischhaut geeignet. Zu empfehlen ist eine Gurkenpackung, einmal wöchentlich: Eine halbe Gurke schälen, in Würfel schneiden und zu einem Brei mahlen. Den Brei in ein Zellstofftuch füllen, mehrmals einschlagen und auf das Gesicht legen. Nach 15 Minuten lauwarm abwaschen.

Nach dem Make-up drücken Sie auf die fettigen Hautpartien ein saugfähiges Seidenpapier auf (s. fettige Haut).

Bei Packungen beachten Sie, daß Sie zwei Packungen auf das Gesicht auftragen müssen, eine Packung speziell für fettige Haut und eine zweite speziell für trockene Haut.

Unreine Haut:

Waschen Sie diese zweimal wöchentlich mit Mandelkleie (s. Kleie). Ist Ihre Haut voll Pickel und Entzündungen, gehen Sie zum Hautarzt, behandeln Sie sich nicht selbst (s. Akne). Unreine Haut betupfen Sie am Abend mit alkoholhaltiger Lotion und klopfen anschließend Spezialcreme ein.

Vorbeugungsmittel gegen vorzeitige Falten:

Einmal wöchentlich eine Packung (s. Masken und Packungen).

Machen Sie von Zeit zu Zeit, wenigstens aber einmal monatlich »großen Hautputz«. Nehmen Sie Gesichtsdampfbäder. Das Kamillendampfbad öffnet alle Poren. Anschließend tragen Sie gute Nähr- oder Spezialcreme auf, die Sie leicht einklopfen.

Wenn die Haut gut eingefettet ist, machen Sie Gesichtsgymnastik. Die »große« Massage überlassen Sie der Fachkosmetikerin.

Schicken Sie Ihre Haut ab und zu in Urlaub, verbringen Sie ein Wochenende auf dem Land.
Ein Tip zur vollkommenen Hautpflege:
Schaffen Sie sich einen Vergrößerungsspiegel an, er deckt alle Hautunreinheiten auf.

Hauttest

Nur gesunde Haut ist schön. Um Ihre Haut richtig pflegen zu können, müssen Sie wissen, welchem Hauttyp Sie angehören.
Machen Sie einen Hauttest:
Waschen Sie Ihr Gesicht, tragen Sie kein Präparat auf. Nach drei Stunden pressen Sie ein saugfähiges Seidenpapier fest auf die ganze Gesichtsfläche.

1. Sie haben eine normale Haut,
   wenn sich auf dem Papier nur wenig Abdrücke zeigen. Ihre Haut ist feinporig, zart und frisch, sie ist gut durchblutet.
2. eine trockene Haut,
   wenn auf dem Papier keinerlei Fettspuren sind. Ihre Haut ist glanzlos, neigt zu roten Flecken und zur Fältchenbildung. Manchmal hat sie kleine, trockene Schuppen.
3. eine fettige Haut,
   wenn das aufgedrückte Spezialpapier voller Fettspuren ist. Ihre Haut ist schlecht durchblutet, blaß oder gelblich gefärbt und neigt zu Mitessern auf Nase, Kinn und Wangen.
4. eine Mischhaut,
   wenn nur Stirn-Nase-Kinn- und Wangenpartie fettige Abdrücke hinterlassen. Die Nasenpartie ist großporig, Wangen und Hals sind feinporig und trocken.

Verlangen Sie die für Ihren Hauttyp entwickelten Spezialpräparate. Wenn Sie sich über die Beschaffenheit Ihrer Haut nicht im klaren sind, lassen Sie den Hauttest von einer Kosmetikerin durchführen. Er wird in den meisten Fällen gratis gemacht. Lassen Sie den Test nach einiger Zeit wiederholen, da sich die Haut verändert.

Hefepackungen

Für trockene und empfindliche Haut enthalten diese Packungen alle Schönheitsvitamine (s. Masken).

Hormone

Hormonpräparate sollen, wenn überhaupt, nur mit äußerster Vorsicht und unter ärztlicher Kontrolle angewendet werden (s. dort). Ist vorzeitiges Altern der Haut auf Hormonmangel zurückzuführen, so sprechen Sie mit Ihrem Arzt.

Hornhaut

Hornhaut an Händen und Füßen sollen Sie mehrmals in folgenden Lösungen baden:

1. in einer Boraxlösung (1 Eßlöffel Borax auf 3 Liter Wasser)
2. in einer Meersalz-Lösung
3. in Zinnkrauttee mit viel Wasserzusatz
4. in einer Lösung mit Roßkastanienextrakt

Reiben Sie die Haut anschließend mit Bimsstein oder einem Hornhaut-Hobel ab. Fetten Sie anschließend die betreffenden Stellen mit Hautöl oder Glycerin ein.

Hühneraugen

Vorbeugen: Tragen Sie bequeme und gut sitzende Schuhe. Nehmen Sie zweimal wöchentlich ein Fußbad. Cremen Sie die befallenen Hautpartien mit Hautöl oder Glycerincreme ein.

Entfernen: Nach einem heißen Fußbad in Salzwasserlösung tragen Sie vorschriftsmäßig eine Spezialtinktur auf oder verwenden Sie ein Hühneraugenpflaster.
Können Sie sich selbst nicht helfen, gehen Sie zur Pediküre.

I J

Intimpflege

Vorausgesetzt, daß Sie Präparate verwenden, die nur für den Intimbereich bestimmt sind und Sie diese auch richtig anwenden, kann Intimpflege niemals schädlich sein.
Verwenden Sie milde Präparate ohne Alkoholzusatz, desodorierende Seifen, Puder, Sprays.
Sprühen Sie Intimspray sparsam und nur auf den äußeren Bereich auf, denn die hautschützende Bakterienflora muß erhalten bleiben. Intimspray darf nicht innerlich angewendet werden. Sprühen Sie im Abstand von mindestens 20 cm. Dauer des Sprühens: 2 Sekunden.
Bei Erkrankungen im Intimbereich verwenden Sie keine Sprays, befragen Sie den Arzt.
Puder und Spray ersetzen nicht das Waschen. Waschen Sie sich so oft wie möglich und immer vor Gebrauch eines Pflegemittels. Waschen mit Spezialwaschlotion schützt die empfindliche Haut. Waschungen mit Kamillentee haben eine geruchbindende Wirkung.

Isometrische Gymnastik (s. Cellulitis)

Joghurtpackung

Eine Joghurtpackung aus 1/2 Joghurt mit einigen Tropfen Rizinusöl vermischt und 10 Minuten aufgetragen, hilft bei trockenem Haar (s. Haarpackungen). Als Gesichtspackung ist Joghurt ideal bei nervöser und geröteter Haut.

Jung bleiben

Achten Sie auf Festigkeit und Elastizität der Muskeln. Wenn diese erschlaffen, bilden sich Falten, das Gesicht verliert seine

Form. Sorgen Sie morgens und abends für gute Durchblutung von Muskeln und Haut. Verwenden Sie die für Ihren Hauttyp richtigen Präparate.

Tip:

Lassen Sie Ihr Gesicht täglich einmal heißlaufen, innerlich durch Gymnastik, Sport, Atmungsübungen, äußerlich durch Bestrahlungen.
Ihre Lebensweise soll gesund sein. Achten Sie auf Ausgleich zwischen Ruhe und Bewegung, Beruf und Freizeit und auf Ausgleich in der Ernährung. Treiben Sie systematische Gesundheits- und Körperpflege.
Das letzte Geheimnis langer Jugend liegt in einem jugendlichen Geist. Verbannen Sie Angst, Unruhe, Eifersucht und Neid.

K

Kalorien

Übermäßige Kalorienzufuhr ist dem Organismus schädlich. Sie macht vorzeitig alt, ist ein Feind der Schönheit und fördert eine Reihe von Krankheiten.

Überprüfen Sie die Kalorienmenge, die Sie täglich verbrauchen dürfen, und stellen Sei Ihre Nahrung so zusammen, daß Sie, wenn Sie nicht zunehmen wollen, die Norm auf keinen Fall überschreiten, ausgenommen z. B. bei Übermüdung, Krankheit, Nervosität und Mehrarbeit.

Die Nährwerttabelle (s. dort) hilft Ihnen, ein buntes, gut ausgewogenes Speisenprogramm zusammenzustellen. Sie gibt Ihnen die Mögleichkeit, entweder abzunehmen, zuzunehmen oder Ihr Gewicht zu halten.

Eine Frau mit durchschnittlicher Betätigung benötigt täglich 2400 Kalorien. Diese Menge wird mit der normalen Ernährung zugeführt.

Wenn Sie abnehmen wollen, sollen Sie täglich nicht mehr als 1500–2000 Kalorien zu sich nehmen. Jugendliche dürfen 1800 Kalorien täglich nicht unterschreiten.

Anhand von Beispielen, zusammengestellt von der Deutschen Gesellschaft für Ernährung, Frankfurt, die nachfolgend mit freundlicher Genehmigung auszugsweise wiedergegeben sind, läßt sich ohne Schwierigkeit eine gesunde, gut ausgewogene Kost für den Geschmack jedes einzelnen zusammenstellen.

Empfehlungen für die tägliche Kalorien- und Nährstoffzufuhr

Verbrauchergruppe		Alter (Jahre)	Kalorien
Körperlich leicht Arbeitende, z. B. Lehrerin, Buchhalterin, Stenotypistin, Hausfrau (mit arbeitserleichternden Geräten)		25 45 65	2200 2100 2000
Mittelschwer arbeitende Frauen, z. B. Hausfrauen mit Kindern (ohne arbeitserleichternde Geräte)		Mehrbedarf je Arbeitsstunde'	60–120
Schwerarbeitende, z. B. Putzfrauen			120 und mehr
Schwangere (ab 6. Schw. Monat)			2800
Säuglinge		bis 12 Monate	100–120/kg
Kleinstkinder		1–3	80/kg
Kleinkinder		4–6	75/kg
Schulkinder		7–9	65/kg
Schulkinder:	Knaben	10–14	1860–2200
	Mädchen	10–14	1800–2400
Jugendliche:	Jungen	15–18	2800
	Mädchen	15–18	2400

Kalorienbedarf Erwachsener in Abhängigkeit von Körpergewicht und Tätigkeit

	Kalorienbedarf bei:		
Körpergewicht in kg	leichter Arbeit	mittelschwerer Arbeit	schwerer Arbeit
50	1600	1850	2500
55	1800	2050	2750
60	1950	2250	3000
65	2100	2400	3250
70	2250	2600	3500
75	2400	2800	3750
80	2600	3000	4000
85	2750	3150	4250

Auszug aus »Kalorientabelle für den tägl. Gebrauch«, herausgegeben von der Deutschen Gesellschaft für Ernährung (DGE), 6 Frankfurt.

Die Deutsche Gesellschaft für Ernährung e. V., Frankfurt, empfiehlt:

Frühstück:

Sie können richtig schlemmen; reichhaltig soll es sein, mit einem Drittel der Kalorien und Nährstoffe des Tages.
2 Tassen Kaffee mit Kondensmilch, 2 Brötchen mit Butter oder Margarine und Honig oder Marmelade, 1 Becher Joghurt natur (evtl. auch als 2. Frühstück), 1 Glas Obst- oder Gemüsesaft
oder:
2 Tassen Tee mit Zucker, 1 Portion Müsli, 1 Scheibe Graubrot mit Margarine oder Butter und 1 Scheibe Käse (35 g) (evtl. auch als 2. Frühstück)

oder:

1 Glas Tomatensaft, 2 Tassen Milchkakaogetränk, 2 Scheiben Vollkornbrot, 1 Portion Kräuterquark, frisches Obst (evtl. auch als 2. Frühstück), z. B. 1 Apfel

oder:

1 Glas Orangensaft, 2 Tassen Kaffee schwarz und Zucker, 2 Eier poschiert, 1 Brötchen mit Streichfett und Honig, frisches Obst (zum 2. Frühstück), z. B. Trauben

Alle Frühstücksvariationen bieten zwischen 470 und 570 Kalorien an bei einem Gesamt-Fettgehalt zwischen 12 und 20 g und einem Gesamt-Kohlehydratgehalt zwischen 72 und 90 g.

Mittagessen:

Heute soll die Auswahl der Lebensmittel und ihre verzehrsfertige Zubereitung auf den Tagesfahrplan der Essensteilnehmer abgestimmt sein. Also beim durchgehenden Arbeitstag aller Werktätigen ohne körperliche Beanspruchung keine »große« Mahlzeit, sondern leicht verdauliche Speisen mit abwechslungsreicher Frischkost und echtem Gaumen- und Augenreiz, d. h. phantasievoll gewürzt. Wer mit belegten Broten von zu Hause oder durch eine Kantine versorgt ist, wird häufig zu fettreich essen. Da sind die Zwischenmahlzeiten und das Abendessen die große Gelegenheit, richtig zu ergänzen und diejenigen Nahrungsmittel und Getränke zu bevorzugen, die »außer Haus« zu kurz kommen.

Menü 1

1 Teller klare Fleischbrühe, 1 Portion gekochtes Rindfleisch, 1 Portion Salzkartoffeln, 1 Portion Wirsinggemüse, 1 Birne, Pfirsich oder ähnliches

Menü 2

1 Portion Sellerie-Apfel-Rohkost, 2 Spiegeleier, 1 Portion Salzkartoffeln, 1 Portion Spinat, 1 Becher Fruchtjoghurt

Menü 3
1 Glas Tomatensaft, 1 Portion Schellfisch gekocht mit etwas Buttersoße, 1 Portion Salat, 1 Portion Kartoffelbrei, 1 Portion Pudding.
Alle Menüs bieten zwischen 630 und 700 Kalorien an bei einem Gesamt-Fettgehalt zwischen 18 und 24 g, einem Gesamt-Kohlehydratgehalt zwischen 67 und 79 g.

Abendessen:

Diese Mahlzeit sollte als enger Partner der Mittagsmahlzeit gesehen werden. Was bedeutet das? Das Abendessen wird zur Hauptmahlzeit, wenn mittags belegte Brote die Verpflegung sind; zur »Ergänzungsmahlzeit« für die Familienmitglieder, die tagsüber draußen in Kantinen oder Restaurants essen. Als Hauptmahlzeit sollte es zeitig angerichtet werden, und ob Hauptmahlzeit oder Ergänzungsmahlzeit – das Abendessen ist stets das i-Tüpfelchen für eine richtige Tagesernährung; genußvolle Freude und Ausgleich für alles, was der Tag an Speisen und Getränken, an Essensgenuß und Muße bei der Nahrungsaufnahme verwehrt hat.

Abendessen als Hauptmahlzeit:
1 Portion Sauerkraut, 1 Scheibe Schweineleber, gegrillt oder gedünstet, 2 Apfelscheiben, 1 Portion Kartoffelbrei, 1 Portion Sahnequark mit Obst

1 Portion Matjes- oder eingelegten Hering, 1 Portion Pellkartoffeln, 1 Portion Vanillepudding

2 gedünstete Tomaten, gefüllt mit Hackfleisch, 1 Portion Reis »Risotto«, 1 Portion Weingelee

Alle Menüs bieten zwischen 580 und 590 Kalorien an bei einem Gesamt-Fettgehalt zwischen 23 und 25 g, einem Gesamt-Kohlehydratgehalt zwischen 45 und 55 g.

Abendessen als Ergänzungsmahlzeit:
1 Portion Sellerie-Apfel-Rohkost, 2 Scheiben Vollkornbrot, 1 Portion Aufschnitt aus 1 Scheibe Blutwurst, 1 Scheibe Schwartenmagen.

1 Portion Tomaten- und Gurkensalat, 2 Scheiben Corned beef, 1 Portion Streichfett, 1 Scheibe Knäckebrot, 2 Scheiben Graubrot; 1 Handkäse, 1 Portion Streichfett.

Zwischenmahlzeit:

Was man am Tage tut, beeinflußt die Auswahl und Menge der Zwischenmahlzeit. Je größer die geistige Beanspruchung ist, um so sorgfältiger muß ausgewählt werden. Milcheiweiß ist günstig, weil es leicht verdaulich ist und wertvolle andere Stoffe mitliefert. Körperlich arbeitende Menschen verbrauchen mehr Energie, die hauptsächlich von Fett und Kohlehydraten geliefert wird. Ganz nach seinem Geschmack kann sich jeder die Vitamine mit Obst, mit Karotten oder Tomaten, als Säfte auch zusammen mit Milch und Milchprodukten und auf vielfache andere Weise zuführen.
Vier Beispiele für eiweißreiche Zwischenmahlzeiten (zwischen 6 und 10 g Eiweiß), die zwischen 196 und 225 Kalorien zuführen bei einem Gesamtfettgehalt zwischen 3 und 9 g, einem Gesamtkohlehydratgehalt zwischen 13 und 31 g:

1 Tasse Kaffee mit Milch, 1 belegtes Brot mit Käse
oder:
1 Becher Fruchtjoghurt
oder:
1 Becher Brühe mit Ei, 1 Apfel
oder:
1/4 l Milch, 1/4 Pfund Steinobst
Folgende drei Zwischenmahlzeiten enthalten zwischen 35 und 66 Kalorien, aber kaum Fett:
1 Glas Magermilch

oder:
1 Glas Zitronensaft natur mit 1 Stück Zucker
oder:
1 Banane
Nachfolgend drei Zwischenmahlzeiten zwischen 18 und 130 Kalorien; sie enthalten kaum Kohlehydrate:
1 Teller fette Brühe
oder:
1 poschiertes Ei
oder:
1 Scheibe Schinken mit Ei.

Nach dem Abendessen:

Sie sollten zu Getränken und Produkten greifen, die nicht so konzentriert viel Energieladung, d. h. Kalorien, besitzen.
1 Glas Fruchtsaft, gespritzt, 1 Glas Apfelwein, gespritzt, 1 Glas Weinschorle, 1 »kleines« Dunkles.
Alle diese Getränke bieten mit einem Glas 38 bis 50 Kalorien an, die alkoholischen haben einen Alkoholgehalt zwischen 3 und 5 g. Einige trockene Kräcker oder Kekse, Salzgebäck u. ä. schmecken gut zu diesen erfrischenden Getränken.

Beispiel:

	Kal.	Fett	Davon in g Kohle-hydrate
Zum Essen:			
Salzgebäck, Kräcker u. ä. (30 g)	121	3	20
1 Handvoll Erdnüsse, geröstet (30 g)	189	14	6
1 Handvoll Walnüsse o. Sch. (30 g)	211	19	4
1 Handvoll kandierte Früchte (30 g)	93	–	23
1 Nürnberger Lebkuchen (20 g)	81	1	16

	Kal.	Fett	Davon in g Kohlehydrate
1 Handvoll Makronen (30 g)	146	7	16
1 braune Printe (20 g)	73	–	17
1 Riegel Marzipan (50 g)	240	5	12
1 Handvoll Bonbons (20 g)	73	–	19
2–3 Feigen (30 g)	82	–	18
Zum Trinken:			
Nichtalkoholische Getränke:			
1 Glas Magermilch mit Soda	35	–	5
1 Glas Apfelsaft gespritzt	47	–	11
1 Glas Zitronensaft gespritzt	24	–	8
1 Glas Pampelmusensaft	30	–	10
Alkoholische Getränke:			davon in g Alkohol
1 Glas Apfelwein	77	–	5
1 Glas helles Bier (klein)	81	–	4
1 Glas helles Bier (groß)	113	–	4
1 Glas dunkles Bier (Malzbier kl.)	50	–	4
1 Glas Weißwein	76	–	10
1 Glas Weißweinschorle	38	–	5
1 Glas Rotwein	83	–	11
1 Glas Wermutwein	114	–	10
1 Glas Portwein	171	–	16
1 Glas Sekt trocken	91	–	12
1 Glas Klarer (Korn usw.)	93	–	13
1 Glas Weinbrand	110	–	17
1 Glas Whisky	171	–	25
1 Glas Eierlikör	85	–	7

Kalorien abarbeiten:

Entnommen der Tabelle »Kalorienwaage der E. Scheurich Pharmawerke GmbH«, Appenweier-Baden.

Für	10	Kalorien	1 Stunde auf der Couch liegen und lesen
„	25	„	20 Minuten Geschirr spülen
„	40	„	drei vierseitige Briefe schreiben
„	70	„	eine halbstündige Rede halten
„	85	„	einen Spaziergang von 2 km machen
„	100	„	eine halbe Stunde schwimmen
„	110	„	20 Minuten Wäsche aufhängen
„	125	„	15 Minuten Dauerlauf
„	150	„	30 Minuten Auto waschen
„	175	„	45 Minuten Fenster putzen
„	200	„	30 Minuten Walzer tanzen
„	250	„	1000 Meter schwimmen
„	280	„	70 Minuten Garten rechen
„	300	„	15 km Radfahren
„	375	„	1 Stunde Teppich klopfen
„	400	„	1 Stunde Tennis spielen
„	450	„	2½ Stunden wandern
„	500	„	1 Stunde Garten umgraben
„	650	„	10 km Dauerlauf
„	1000	„	15 km marschieren mit 25 kg Gepäck

Kälte

Härten Sie sich ab. Machen Sie morgens beim geöffneten Fenster Turnübungen (s. Gymnastik). Nehmen Sie eine lauwarme oder kalte Dusche mit anschließender Trockenmassage (s. Bürstenmassage). Reiben Sie sich mit Hautöl ein und achten Sie immer auf warme Beine. Nehmen Sie ein warmes oder Wechsel-Fußbad.
Kälte ist für die Schönheit ebenso schädlich wie nützlich. Winterferien im Schnee helfen, Ihren Körper zu entgiften.

Kälte macht schlank:

Das Reservefett wird vom Sauerstoff verbrannt und damit dem Körper Wärme zugeführt.

Schutz vor Kälte:

- Durch die richtige Kleidung
- Durch Nähr- und Fettpräparate
- Durch Auftragen von Puder auf die Grundierungscreme

Empfindliche Haut verträgt die Kälte nicht. Die Haut altert vorzeitig. Der Wind trocknet die Haut aus, und auch der Schnee birgt Gefahren.

Eine kleine Wunde kann sich schnell infizieren, wenn sie mit Schnee in Berührung kommt.

Weitere Vorbeugungsmaßnahmen:

Ob Sie in der Stadt oder im Gebirge wohnen, reinigen Sie Ihre Haut jeden Abend gründlich mit einer fetthaltigen Reinigungsmilch.

Tragen Sie von Zeit zu Zeit eine Beruhigungspackung auf. Die Ernährung im Winter soll an Fett und Zucker reicher sein als im Sommer und nach Möglichkeit angereichert mit Vitamin A, B, C und D.

Kartoffel-Packung

Eine ausgezeichnete Packung bei trockener Haut (s. dort).

Kinn

Gymnastik hilft vorbeugend gegen Bildung eines Doppelkinns. Vor jeder Übung sollen Sie Kinn- und Halspartie gut einfetten.

Übungen:

- Zehnmal Kopfkreisen, fünfmal links, fünfmal rechts, völlig entspannt.
- Zehnmal Kopf in den Nacken werfen und auf die Brust sinken lassen.
- Zehnmal Kopf mit Schwung nach links und nach rechts werfen.
- Unterlippe so weit wie möglich vorstrecken und zugleich den Kopf in den Nacken legen, zehnmal.
- Den Kopf zurücklegen, und in dieser Haltung den Mund öffnen und schließen, zehnmal.
- Auf die Couch legen, den Kopf nach unten hängen lassen, dann langsam heben und senken, bis das Kinn die Brust berührt. Mehrmals wiederholen.

Auch durch gute Haltung läßt sich ein Doppelkinn vermeiden. Halten Sie sich immer aufrecht, strecken Sie den Kopf möglichst hoch.

Bei schon vorhandenem Doppelkinn klopfen Sie täglich Fett ein und tragen Sie zweimal wöchentlich Vitamin- oder Spezialcreme auf. Zur Festigung der Kinnpartie sollen Sie das Kinn nach dem Eincremen mit kurzen Schlägen abklopfen. Am Morgen werden Kinnpartie und Nacken kalt geduscht.

Bei Doppelkinn machen Sie Umschläge mit Salzwasser. Lassen Sie den Umschlag 1/2 Stunde straff angezogen aufliegen. Wechselduschen helfen bei schon vorhandenem Doppelkinn und wirken vorbeugend.

Schlafen Sie ohne Kopfkissen.

Kleie

Bad:

Für das Bad ist Kleie sehr wohltuend.

Hautwäsche:

Die mit Kleie gewaschene Haut wird weiß und zart. Die damit verbundene leichte Massage fördert die Durchblutung und hilft, abgestorbene Hautteilchen und Hornschicht abzubauen.

Bei fetter, unreiner Haut können Sie Kleie mit Seesand verwenden. Bei empfindlicher Haut nehmen Sie nur Kleie ohne Zusatz von Seesand.

Kopfwäsche:

Kleie reinigt gründlich und gibt den Haaren Glanz.

Zubereitung:

1 Leinentuch mit Kleie füllen, mehrmals einschlagen, kochendes Wasser darübergießen und 15 Minuten zugedeckt ziehen lassen. Dann drücken Sie das Tuch aus und verwenden das Wasser.

Klettenwurzelöl

Massage der Kopfhaut mit Klettenwurzelöl stärkt den Haarboden und ist besonders bei trockenem Haar zu empfehlen.

Knie

Das Kniegelenk muß geschmeidig sein. Einreibungen mit Franzbranntwein sorgen für gute Durchblutung.
Massieren Sie das Knie nach dem Fußbad oder der Dusche mit einem Massagehandschuh, anschließend mit Mandelöl oder mit einer Mischung aus Kölnischwasser mit Glycerin.

Gymnastik:

- Aufrecht stehen, ein Bein mit angezogenem Knie so hoch wie möglich heben, dann mit der Hand das Knie fest an den Körper drücken.
- Rückenlage und mit den Beinen radfahren, zwei Minuten.

Knie, dicke: (s. Cellulitis)

Kohlehydrate

1 g Kohlehydrate liefert 4,1 Kcal.
Der Bedarf eines Erwachsenen an Kohlehydraten liegt zwischen 400–470 g täglich.
Der alternde Mensch benötigt weniger Kohlehydrate, dafür mehr Eiweiß. Ein Kind benötigt an Kohlehydraten 55% der täglichen Kalorienmenge.
Kohlehydrate sind u. a. enthalten in Brot, Kartoffeln, Gemüse, Obst, Zucker, Honig und Marmelade (s. Ernährung und Nährwerttabelle).

Komedonquetscher

Dieses »Werkzeug« ist im Handel erhältlich und geeignet zum Ausdrücken von Mitessern.

Kompaktpuder

Er ist für Korrekturen untertags und zum Auffrischen geeignet, aber nicht als ständiges Make-up. Verwenden Sie hierfür Transparentpuder.

Kompressen

Kompressen werden wie Masken auf das Gesicht aufgelegt (s. Masken und Packungen). Sie beruhigen und erfrischen die Haut.

Heiße Kompressen:

Sie sind zu empfehlen vor der Mitesserentfernung, vor Packungen, vor Schälkuren und zur Erweiterung der Poren.

Wechselkompressen:

Diese haben eine besonders starke Wirkung, sie erfrischen und beleben.

Kühle Kompressen:

Sie schließen immer die Anwendung heißer und warmer Kompressen ab.

Beachten Sie die für Ihren Hauttyp richtige Anwendung:

Bei fetter Haut machen Sie Heiße- und Wechsel-Kompressen mit Kamille und Salbei.
Normale und Misch-Haut bekommen warme und Wechsel-Kompressen mit Salbei, Lindenblüten und Arnika.
Bei trockener Haut ist die Anwendung von warmen und kühlen Kompressen oder Wechselkompressen mit Kamille, Salbei, Lindenblüte und Arnika zu empfehlen.
Vor Anwendung der Kompressen reinigen Sie das Gesicht gründlich und bereiten Sie einen starken Kräutertee oder heißes, warmes oder lauwarmes Wasser.
Nehmen Sie ein Tuch, falten Sie es mehrmals und schneiden Sie es in der Größe Ihres Gesichts zu. Seitlich nähen Sie eine Naht. Für Mund, Nase und Augen schneiden Sie Öffnungen ein.
Dieses Kompressentuch (Sie können aber auch ein normales Frot-

teetuch verwenden, dann legen Sie es gefaltet so auf das Gesicht, daß Nase und Mund freibleiben) tauchen Sie in Kräuterabsud, Lotion oder Wasser, in Karottensaft oder in eine andere, Ihrem Teint bekömmliche Mixtur. Lassen Sie es ca. 4 Minuten aufliegen und spülen Sie kalt nach.
Eine Ölkompresse oder wahlweise eine Cremekompresse, einmal wöchentlich auf den Hals aufgelegt, schützt vor verfrühter Faltenbildung:
Vitamin- oder Olivenöl wird im Wasserbad erwärmt und auf die gut gereinigte Haut aufgetragen. Sie können auch, wie oben beschrieben, den Hals mit dem Kompressentuch umwickeln. Darüber geben Sie einen feuchtwarmen Umschlag und decken mit einem Plastiktuch ab. Über das Ganze breiten Sie ein Wolltuch.
Eine Kräuterkompresse am Abend vor dem Ausgehen wirkt Wunder (s. Ausgehen).
Für die Augen legen Sie Augenkompressen auf (s. Augen).

Körpermassage

Eine Vollmassage ist das beste Mittel zur Anregung des Blutkreislaufs. Richtige Körpermassage verhindert überschüssige Fettbildung. Unterwassermassage, von einer Fachkraft ausgeführt, wird in bestimmten Fällen vom Arzt verschrieben und von der Krankenkasse bezahlt (s. Massagen).

Körperpflege

Körperpflege ist Gesundheits- und Schönheitspflege. Gesunde Lebensweise, Bewegungsausgleich, Hygiene und Pflege sind die Voraussetzungen.
30 Minuten tägliche Körperpflege genügt zum Fitsein für den ganzen Tag (s. Abreibungen, Bad, Diät, Dusche).

Körperpuder

Er saugt die Feuchtigkeit auf und ist besonders zu empfehlen, wenn Sie stark schwitzen.

Korrekturen
(s. Make-up; Operationen, kosmetische)

Krampfadern

Sie sind nicht nur ein Schönheitsfehler, sie können sich zu bösen Ekzemen entwickeln und sind außerdem gesundheitsgefährdend. Gehen Sie zum Arzt, er kann die Krampfadern veröden. Ist der Erfolg nicht von Dauer, hilft eine Operation. Die Kosten werden von der Krankenkasse übernommen.

- Setzen Sie Beine mit Krampfadern nicht lange der Sonne aus
- Krampfadern dürfen nicht massiert werden

Vorbeugung:

- Hitze und Kälte sind Ihre Feinde. Wenn Sie können, schützen Sie sich vor großen Temperaturschwankungen. Liegen Sie nicht bewegungslos in der Sonne – es sei denn, Sie verstecken die Beine im Sand.

  Wenn Sie kälteempfindlich sind und ein vorgewärmtes Bett vorziehen, erwärmen Sie es im Winter mit einer Wärmflasche, aber entfernen Sie diese, wenn Sie schlafen gehen. Auf keinen Fall dürfen Sie die Beine auf die Wärmeflasche legen.
- Ziehen Sie sich nicht gedankenlos an. Im Winter bekleiden Sie sich mit langen Hosen oder warmen Strümpfen. Kaufen Sie gut gefütterte Winterstiefel. Die Absätze sollen nicht zu hoch sein.
- Essen Sie mit Überlegung. Salzen Sie die Speisen nur leicht. Alkohol, Kaffee, Weißwein und scharf gewürzte Speisen sollen Sie nur in kleinsten Mengen genießen.

  Ihre Nahrung soll reich an Vitaminen sein:

Vitamin P: Es schützt die Gefäße und ist enthalten in Bierhefe, Leber, im Fisch und im Rindfleisch.

Vitamin C: Es unterstützt die Wirksamkeit von Vitamin P. Sie finden es in Zitrusfrüchten, in Petersilie, Kohl, Spinat, Tomaten und in der Rindsleber.

Vitamin E: Verhindert Arteriosklerose. Es tritt auf in Erdnußöl und im Getreidekorn.

- Kämpfen Sie gegen Verdauungsträgheit an.
- Nehmen Sie Fußbäder, wenn Ihre Beine schmerzen und schwer sind. Das Wasser soll eine Temperatur von ca. 36° C haben. Fügen Sie dem Wasser Fußbadesalz bei. Anschließend sollen Sie sich einige Minuten mit hochgelagerten Beinen ausruhen.
- Unterwasserduschen bringen ebenfalls Erleichterung. Sie üben eine leichte Massage aus und aktivieren die Blutzirkulation. Unterwasserduschen dürfen nur von einem Spezialisten durchgeführt werden.
- Verwenden Sie Essenzen und Präparate, die Ihren Beinen Erleichterung bringen. Streichen Sie diese morgens und abends ganz sanft ein.
- Machen Sie gemütliche Spaziergänge, ziehen Sie sich dazu bequeme Schuhe an. Gehen Sie aber nicht bis zur Übermüdung.

Kräuterbäder (s. Bäder, Badezusätze)

Kräuterpackungen (s. Gesicht; Pflege)

Kuren

1. Fastenkur:

Fastenkuren dürfen nur nach Rücksprache mit dem Arzt gemacht werden. Sie erfordern einen starken Willen, den der Fettleibige im allgemeinen nicht aufbringt. Richtig durchgeführt, erreicht der Körper durch die Fastenkur eine Neubelebung. Sie erfreut sich daher großer Beliebtheit.

Einen Fastentag pro Woche können Sie ohne Risiko einschalten. Trinken Sie nüchtern 1 Glas Mineralwasser, anschließend eine Tasse heißen, ungezuckerten Kräutertee, und zwar Pfefferminz oder Kamille. Mittags trinken Sie wieder ein Glas Mineralwasser und am Abend eine Tasse heißen, ungezuckerten Kräutertee.

Wollen Sie einen zweiten Fastentag anschließen, so machen Sie einen Obsttag mit $1^1/_2$ kg Obst nach Belieben (s. Obsttag und Wochenendkuren).

Wollen Sie mehrere Kilo abnehmen und sich wie neugeboren fühlen, schalten Sie einmal im Monat eine dreitägige Fastenkur ein. Sie wechseln ab zwischen einem Teetag und einem Obsttag:

1. Heiße, ungezuckerte Kräutertees und Mineralwasser, wie oben
2. Obsttag
3. Wie erster Tag

Die Kur darf nicht ohne Erlaubnis des Arztes durchgeführt und auch nicht verlängert werden.

Wenn Sie Ihren natürlichen Ernährungsrhythmus wieder aufnehmen, machen Sie es langsam. Verschlingen Sie die Speisen nicht in doppelter Quantität als Belohnung für die Fastentage. Jede Kur wird Ihnen in diesem Fall mehr schaden als nützen.

2. *Luftkur:*

Es gibt sogenannte »Luftkurorte«, aber wer denkt schon daran, einen Winter- oder Sommeraufenthalt mit einer Luftkur zu verbinden?

Lernen Sie richtig atmen (s. Atmung, richtige). Übergewicht ist oft die Folge eines Mißverhältnisses im Körper, das durch falsche Atmung vergrößert wird.

Machen Sie lange Spaziergänge, entgiften Sie den Körper, atmen Sie tief und ruhig.

Nachts schlafen Sie bei weit geöffnetem Fenster.

3. Schlafkur:

Lang anhaltende nervöse Erschöpfung kann das plötzliche Versagen aller Nerven bedeuten. Der gesamte Organismus muß »auf Ruhe« gelegt werden.

Schlafkuren werden unter strenger ärztlicher Kontrolle in vielen Kliniken durchgeführt.

Machen Sie Zuhause bei großer Ermüdung und zur Vorbeugung eine »kleine« Schlafkur.

- Schlafen Sie während zwei Wochen 12 Stunden täglich.
- Achten Sie in diesen Tagen besonders auf geregelte Verdauung.
- Nehmen Sie besonders eiweißreiche Nahrung zu sich mit viel Vitaminen und Mineralstoffen, die aber arm an Kalorien ist.

4. Weizendiätkur

Diese »Fertigkur« von Dr. Ritter und Dr. Kousa ist im Reformhaus erhältlich. Beachten Sie die Gebrauchsanweisung.

Essen Sie nicht über den Hunger. Nach üppig verlaufenen Einladungen überspringen Sie eine Mahlzeit. Nehmen Sie wenig Flüssigkeit zu sich und wenig Alkohol, er enthält viele Kalorien. Meiden Sie auch in Zukunft Wurst, scharf gewürzte Speisen und fettes Fleisch, Zucker und Mehlspeisen.

Essen Sie mit Verstand und nicht mit dem Gaumen!

Verspüren Sie außerhalb der Mahlzeiten Hunger, knabbern Sie rohes Gemüse, Karotten und Wurzelwerk. Sie sind reich an Vitaminen. Treiben Sie viel Gymnastik, und gehen Sie wenigstens einmal wöchentlich schwimmen.

L

Lächeln

Natürliches Lächeln ist Ausdruck von innerem Reichtum. Es verjüngt und verschönt jedes Gesicht.
Durch geschicktes Schminken können Sie immer ein leichtes Lächeln vortäuschen, auch wenn Ihnen nicht gerade danach ist.
Geben Sie Ihren Gesichtszügen eine aufwärts laufende Linie.
Brauen: Die Härchen unter dem Brauenbogen werden ausgezupft. Die Form der Brauen soll im Schwung nach oben zu den Schläfen führen.
Wimpern: Sie werden mit der Bürste nach oben gebürstet.
Wangen: Eine tiefliegende Falte, von der Nasenwurzel zu den Mundwinkeln verlaufend, kann die beste Schminkkünstlerin nicht verdecken.
Tragen Sie einmal wöchentlich auf Ihr Gesicht eine Spannmaske auf.
Massagen, von einer Fachkraft ausgeführt, sind ebenfalls sehr wirksam.
Mund: Geben Sie der Unterlippe mit dem Konturenstift eine aufsteigende Form. Die Partie außerhalb der Rougelinie decken Sie mit Teintgrundierung ab.

Leberflecke, Warzen

Versuchen Sie niemals, eine Warze oder einen Leberfleck selbst zu entfernen, es kann Hautkrebs daraus entstehen.
Leberflecke können gefahrlos von einem Hautarzt entfernt werden.

Lindenblüten

Bad: Lindenblütenabsud, dem Badewasser beigemengt, beruhigt und ist ein gutes Schlafmittel.
Tee: Vor dem Schlafengehen eine Tasse Lindenblütentee beruhigt und wirkt einschläfernd.

Lippen

Auch Ihre Lippen brauchen täglich Pflege. Tragen Sie tagsüber unter dem Stift eine Feuchtigkeitscreme auf und nachts auf gereizte Lippen pflegende Pomade.
Sehr spröde Lippen stecken Sie ab und zu in einen Quark-Honig-Brei. Lassen Sie den Brei einige Minuten einwirken, bevor Sie ihn abschlecken.
Tragen Sie am Abend eine Spezialsalbe auf. Verwenden Sie nur fette Lippenstifte.

Lippen-Make-up:

Die Farbe Ihres Lippenstiftes kommt besser zur Geltung, wenn Sie vor dem Auftragen die Lippen mit Teintgrundierung oder flüssigem Make-up abdecken. Abgesehen von der Erleichterung beim Vorzeichnen der gewünschten Kontur, werden die Lippen von trockenen Stiften geschützt, bei fetten Stiften wird die Haftbarkeit der Farbe erhöht. Zeichnen Sie die Lippenform mit dem Konturenstift oder einem gut gespitzten Lippenstift vor, und zwar immer vom Mundwinkel zur Lippenmitte, das gibt der Kontur einen »optimistischen« Schwung. Tragen Sie anschließend das Lippenrot mit dem Pinsel auf, die Farbe läßt sich gleichmäßiger verteilen, und die Konturen können sorgfältiger ausgefüllt werden. Drücken Sie die Lippen sanft auf ein Kosmetiktuch. Wahlweise tragen Sie jetzt noch Lippenglanz, welcher nicht mehr abgetupft wird, oder noch einmal Lippenrot auf, warten Sie etwas und tupfen das Zuviel ein zweites Mal weg.

Tip:

- Damit Sie in einer geraden Linie zeichnen, stützen Sie die Ellbogen auf, den Stift zwischen Daumen und Zeigefinger haltend, und zwar ganz nahe an der Mine.

Lippenkorrekturen:

Mit dem Korrekturstift läßt sich entweder eine schöne Mundform betonen oder die Lippenform korrigieren.
Zeichnen Sie zuerst die Form des Mundes mit dem Konturenstift. Den Teil außerhalb der Konturen kaschieren Sie mit Teintgrundierung.

Vorstehende Unterlippe:

Unterlippe nicht ganz ausmalen, eine schmale Linie müssen Sie frei lassen, dafür die Oberlippe betonen und etwas vergrößern.

Vorstehende Oberlippe:

Der Bogen der Oberlippe soll etwas kleiner werden und nicht so geschwungen sein. Die untere Linie der Unterlippe wird etwas erweitert.

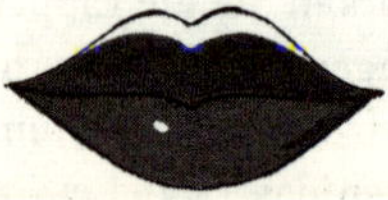

Schmale Lippen:

Übermalen Sie die Oberlippe. Die Winkel der Unterlippe dürfen nicht ganz ausgemalt werden (s. Make-up).

Lippenstift

Der Lippenstift soll fetthaltig sein. Trockene Stifte trocknen die Haut aus.
Die Farbe des Lippenstifts soll mit Ihrem Rouge, dem Nagellack und mit der gesamten Garderobe harmonieren.
Wählen Sie zum Make-up passende Modefarben.
Lippenstifte mit sanftem Metallglanz für das Abend-Make-up schmeicheln dem Gesicht.
Wenn sich die Lippenstifte auf Ihrer Haut bläulich verfärben, tragen Sie einen Gelbstift auf. Das Rot wird unverändert bleiben.
Lippenstifte haften länger, wenn Sie eine Teintgrundierung auftragen (s. Lippen-Make-up).
Entfernt wird Lippenstift am besten mit Watte und Olivenöl oder Fettcreme, aber nicht mit Wasser.
Sehr praktisch für die berufstätige Frau ist ein Etui mit zwei Lippenstiften und eingebautem Spiegel. Sie haben damit die Möglichkeit verschiedener Variationen.

Luftbad

Gönnen Sie Ihrem Körper reichlich Luft. Er braucht sie dringend; denn Luft ist Nahrung für den ganzen Organismus. Reine, gute Luft ist unentbehrlich für Ihre Schönheit.

Verbringen Sie hin und wieder ein Wochenende auf dem Land, oder, wenn dies nicht möglich ist, machen Sie lange Spaziergänge weitab vom Autoverkehr und atmen Sie richtig durch (s. Atmung, richtige).

Tragen Sie leichte, luftdurchlässige Kleidung. Schlafen Sie nach Möglichkeit bei geöffnetem Fenster; es ist das beste Abhärtungsmittel. Nehmen Sie Luftbäder: zu Hause, unbekleidet, am geöffneten Fenster (hinter dem Vorhang), und verbinden Sie damit etwas Gymnastik. Der Sommer ist die beste Jahreszeit, hiermit zu beginnen.

Wenn Sie können, schlafen Sie unbekleidet. Nach Ansicht von Wissenschaftlern soll der Schlaf dann erholsamer sein.

M

Magersucht

Wann beginnt die Magersucht?

Nach einer von einer internationalen Versicherungsgesellschaft aufgestellten Tabelle sind Sie mager, wenn Sie Ihr Idealgewicht um 12% unterschreiten. Bei 20% unter dem Normalgewicht kann man von schwerer Magersucht sprechen. Die Magersucht kann verschiedene Ursachen haben, z. B.:

1. Sie sind von Natur aus nicht mager, sind es aber mit der Zeit geworden.
   Das sollte ein Alarmzeichen sein, das Sie nicht überhören dürfen. Lassen Sie sich von Ihrem Arzt gründlich untersuchen und dann dementsprechend behandeln.
2. Sie essen nicht genügend. Aus Angst, übergewichtig zu werden, drosseln Sie die Kalorien dauernd auf ein Mindestmaß, und der Körper holt sich das Fehlende aus den Reserven.
3. Sie ernähren sich schlecht. Die Nahrung entspricht zwar Ihrem Geschmack; Sie führen dem Körper aber zu wenig wertvolle Stoffe zu wie z. B. Fleisch, Fett, Zucker usw.
   Solange noch Reserven vorhanden sind, ist das Abnehmen nicht sehr gefährlich, aber spätestens in dem Augenblick, in dem der Organismus an Vitaminen, Fett, Eiweiß, Mineralstoffen usw. Mangel leidet, beginnt die Unterernährung.
   Das Fett schmilzt vollständig, die Muskeln schwinden, alles schrumpft zusammen und verkleinert sich.
   Diese Unterernährung muß verhindert werden, bevor die Magersucht zu weit fortgeschritten ist.
4. Es kommt vor, daß Frauen bei Kummer oder nach einem schweren Schock ohne organische Leiden stark abmagern. Das Gewicht wird nach einiger Zeit gehalten, erreicht aber nicht mehr die frühere Höhe.
5. Nach Infektionskrankheiten und Operationen sowie damit zu-

sammenhängender langer Diäternährung sind Sie geschwächt und abgemagert.
Rezepte zum Zunehmen (s. Zunehmen).

Make-up

Unterstreichen Sie mit dem Make-up Ihren Typ, und machen Sie aus sich nicht eine starre, unbewegliche Maske. Sie müssen Leben und Natürlichkeit ausstrahlen. Das Make-up soll den Reiz Ihres Gesichtes unterstreichen und Unregelmäßigkeiten ausgleichen.
Make-up wird Kunst, wenn z. B. mit seiner Hilfe kleine Augen vergrößert, große Augen noch schöner und schlecht geformte Nasen ausgeglichen werden.
Das Make-up kann unreine Haut verstecken, es soll aber nicht kranke Haut auf die Dauer kaschieren. Wenn Ihre Haut gereizt ist und Ihre Poren erweitert sind, wird das Make-up nicht haften. Verzichten Sie dann einige Zeit auf Schminke und pflegen Sie Ihre Haut besonders gut (s. Hautpflege).

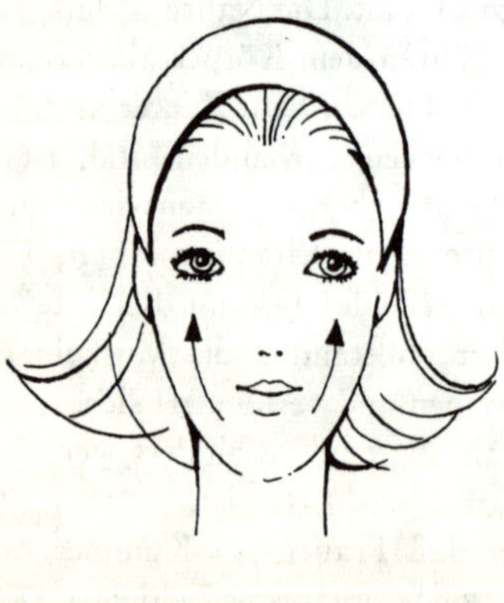

Tip:

- Für das Tages-Make-up schminken Sie sich bei Tageslicht, das Abend-Make-up machen Sie bei elektrischem Licht. Wenn Sie sich aber zum Abendessen bei Kerzenschein verabredet haben, sollten Sie Ihr Gesicht bei dieser Beleuchtung noch einmal überprüfen.

Am Tag soll das Make-up dezent sein, am Abend dürfen Sie starke Farben verwenden, weil das künstliche Licht die Farben erblassen läßt.

Bei Hautunreinheiten:

Verwenden Sie antiseptische Präparate. Sie wirken heilend und entzündungshemmend.

Anwendung:

Das Make-up muß transparent sein. Sie dürfen es nur nach gründlicher Reinigung der Haut auftragen. Tragen Sie als Unterlage vor dem Make-up eine Tagescreme oder Feuchtigkeitscreme auf. Diese pflegen und schützen zugleich die Haut. Aber verwenden Sie niemals Fettcreme, Ihr Make-up wird fleckig und verläuft.

Nach der Unterlage decken Sie die Hautfehler ab. Augenringe werden unsichtbar nach Überstreichen mit einem Abdeckstift in Ihrer Hautfarbe. Tragen Sie Abdeckcreme auf. Bei unreiner Haut verwenden Sie einen desinfizierenden Abdeckstift. Rote Nasen bekommen eine doppelte Make-up-Schicht.

Die Teintgrundierung tupfen Sie auf Gesicht, Hals und Dekolleté; sie wird gleichmäßig mit einem feuchten Schwämmchen verteilt. Die Grundierung darf um einen Ton dunkler sein als Ihre Hautfarbe. Nur wenn Sie sehr blaß sind oder eine gelbe Hautfarbe haben, tragen Sie Beige-Rosa auf. Ihr Gesicht bekommt dadurch mehr Leben. Sie können dazu auch einen Rollstift verwenden.

Das Abend-Make-up darf nochmals um einen Ton dunkler sein. Verwischen Sie alle Übergänge gut.

Dann tragen Sie Rouge auf. Rouge verändert seine Farbe nach Klima und Jahreszeit. Lassen Sie Rouge auf Ihre Haut kurz einwirken, dann tupfen Sie mit einem feuchten Schwämmchen nochmals nach. Rouge in sanften Farben ist einfacher zu handhaben als leuchtende Rottöne.

Danach stäuben Sie hellen Transparentpuder auf. Warten Sie,

bis er sich mit der Teintgrundierung vermischt, dann nehmen Sie das Zuviel mit der Puderbürste weg.

Bei Verwendung des Puders beachten Sie bitte:
Heller Puder läßt eine Gesichtspartie besonders in Erscheinung treten. Wenn Sie dunkler pudern, tritt eine Partie zurück, sie wirkt optisch kleiner.
Halten Sie deshalb immer zwei Puderfarben bereit. Eine Farbe von Ihrem Hautton, eine zweite, die um eine Nuance heller ist. Warten Sie ab, bis die erste Puderlage auf das Make-up eingewirkt hat, dann erst überpudern Sie eine zweite Schicht andersfarbigen Puder.
Warten Sie wieder kurze Zeit. Überschüssiger Puder wird mit Watte oder einer Puderbürste entfernt. Dann beginnen Sie mit dem Make-up der Augen.

Make-up für die Augen:

Augenringe werden mit einem Spezialstift abgedeckt. Auf das Augenlid streichen Sie mit einem sehr kleinen Pinsel Lidschatten, den Sie zu den Brauen hin verstreichen. Der Lidschattenton soll mit der Augenfarbe harmonieren.

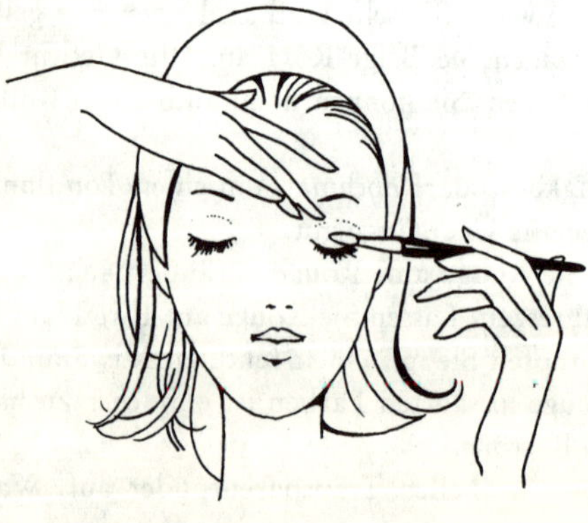

Lidschatten:
Lidschatten dürfen Sie in dezenten Farben auch tagsüber auftragen. Die Farbe soll zu Ihren Augen und der Garderobe passen. Am Abend sind dunkle Schatten erlaubt oder Gold und Silber. Bei trockener Haut verwenden Sie Lidschatten in Stiftform oder als Creme.
Kaufen Sie Lidschattenpräparate nach Ihrer Hautbeschaffenheit:
Bei trockener und auch bei empfindlicher Haut verwenden Sie Lidschatten in Stift- oder Cremeform.
Bei normaler Haut tragen Sie Puderschatten auf.
Bei fettigem Lid ist flüssiger Lidschatten wie auch Puder geeignet.

Tip:
- Soll Ihr Puderschatten eine kräftige Farbe aufweisen, z. B. am Abend, und besser haften, befeuchten Sie den Puderstein gut mit Wasser und tragen ihn naß auf.

Wählen Sie den zu Ihrer Augenfarbe passenden Farbton:

Augenfarbe	Lidschatten-Farbton
Blau	Grau, Hellblau, Blau-Perlmutt, Flieder, Silber
Grau	Beige, Hellbeige, Türkis, Grün, Flieder
Dunkelbraun	Braun, Grau, Blaugrün, Flieder, Gold
Hellbraun	Beige, Hellbeige, Grün, Türkis, Flieder, Rosa
Grün	Grau, Beige, Türkis, Grün, Flieder

Entlang der Wimpernlinie ziehen Sie mit dem Eyeliner einen zarten dunklen Strich. Sie können Blau, Grün, Braun oder Grau

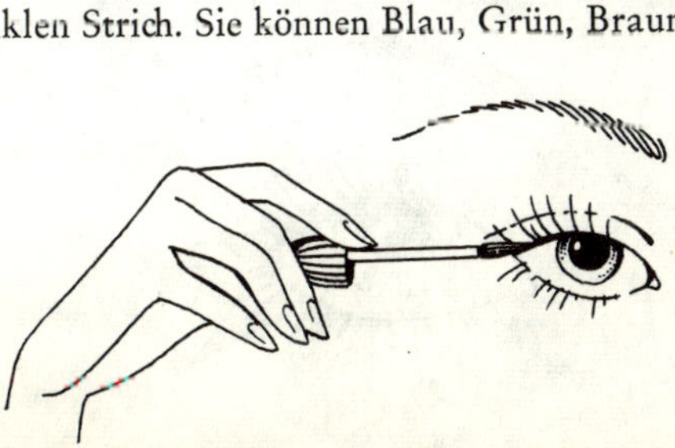

wählen. Er gelingt besser, je zarter Sie die Linie zeichnen. Durch den Lidstrich wird das Auge betont und nach Wunsch optisch verändert. Sie brauchen dazu ein Fläschchen mit Lidstrichemulsion und einen kleinen Pinsel. Schütteln Sie das Fläschchen tüchtig durch und verwenden Sie zu Ihrem Make-up den im Deckel verbleibenden Teil.
Verrutscht Ihre Hand, so nehmen Sie zum Ausbessern ein mit Watte umwickeltes Holzstäbchen.

Das Auge wirkt runder: Wenn der Lidstrich am äußeren Augenwinkel endet.

Das Auge wirkt größer: Wenn Sie einen Bogen aufmalen und mit dem Augenbrauenstift in die Lidfalte eine Linie zeichnen, die Sie gegen das Ende zu etwas verwischen.

Beim Augen-Make-up unterscheidet man drei Make-up-Zonen: 1. den Brauenbogen, 2. das Augenlid, 3. die Wimpern.

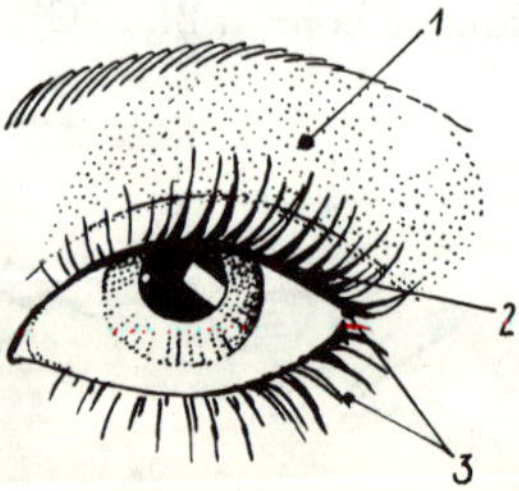

Bei runden Augen: Zeichnen Sie einen kurzen, breiteren Strich am Wimpernansatz.

Bei schmalen Augen: Führen Sie den schmalen Lidstrich oben über den seitlichen Augenrand hinaus, so daß er unten mit dem unteren zusammentrifft.

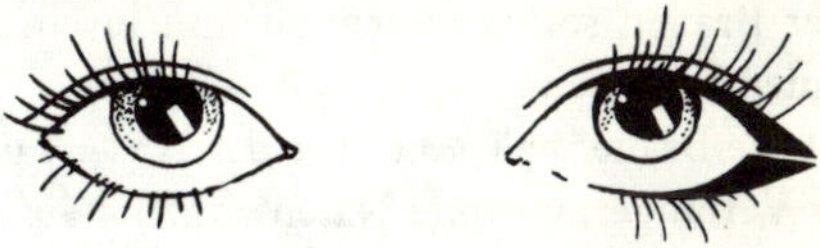

Tip:

- Ellenbogen aufstützen.
- Mit Vergrößerungsspiegel arbeiten.
- In einer Linie durchziehen, das Lid nicht anspannen.
- Das Lid nicht aufklappen, solange der Strich noch feucht ist.
- Pinsel nach jedem Gebrauch unter Wasser reinigen, damit er immer fein zeichnet.

Bürsten Sie anschließend die Augenbrauen.

Härchen, die nicht in den schön geformten Brauenbogen passen, werden unter dem Bogen ausgezupft. Tragen Sie zuvor etwas Vaseline auf, und tupfen Sie dann mit etwas Gesichtswasser nach (s. Enthaaren). Das sollten Sie schon am Abend zuvor gemacht haben.

Kleine Wimpernhärchen unterhalb der Augen vergrößern das Auge und verschönern den Blick. Zeichnen Sie die fehlenden Härchen mit Pinsel und Eyeliner auf. Die Wimpernreihe erscheint dadurch dichter. Sie müssen sehr fein und regelmäßig gezeichnet sein und dürfen die natürlichen Härchen in ihrer Länge nicht übertreffen. Zeichnen Sie diese künstlichen Wimpern nur bis zwei Drittel zum inneren Augenwinkel.

Augenbrauen:
Der Brauenbogen muß durch regelmäßiges Zupfen immer in Form gehalten werden (s. Augenbrauen).
Widerspenstige Brauenhärchen bürsten Sie mit einem Bürstchen, auf das Sie etwas Haarspray gegeben haben. Für Blondinen, die blonde Brauen bevorzugen, gibt es einen Spezialpuder.
Die Form der Brauen soll schwungvoll und in einer nach aufwärts steigenden Linie sein.
Beginnen soll die Braue senkrecht über der Nasenwurzel. Enden soll sie in der Verlängerungslinie Nasenwurzel -- äußeres Augenlid.

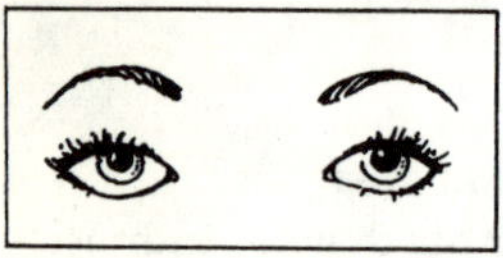

Der höchste Punkt der Braue liegt senkrecht über der Pupille.

Tip:
Aufsteigende Brauen machen ein Gesicht jung. Lassen Sie die Linie nicht mehr stark absinken.
Der Gesichtsausdruck kann durch die Form der Brauen verändert werden, z. B. wirkt eine breite Stirn schmäler, wenn die Brauen weiter innen beginnen.
Der Augenbrauenstift soll etwas heller sein als die Naturhaarfarbe. Grau ist passend für alle Augen.
Unregelmäßigkeiten des Gesichts können durch die Form der Brauen ausgeglichen werden.
Bei niederer Stirn: Gerade, gegen die Schläfen etwas aufsteigende Brauen.

Schmale Stirn: Augenbrauen etwas vom inneren Augenwinkel abgerückt beginnen lassen.
Breite Stirn: Brauen sollen etwas mehr nach innen zusammengerückt beginnen.
Augen erscheinen größer: Den Bogen so hoch wie möglich in seiner natürlichen Form bürsten. Vergrößern Sie den Abstand der beiden Brauen durch Auszupfen von Härchen über dem inneren Augenwinkel.
Rechteckiges Gesicht: Flache Brauen. Nicht zuviel zupfen.
Strahlende Augen: Brauen möglichst weit vom Auge entfernt beginnen. Haare dicht lassen, Brauen in sehr feiner, schwungvoller Linie auslaufen lassen.

Wimpern:

Das Augen-Make-up schließt mit der Wimperntusche ab. Die Wimpern werden mit der Wimpernbürste von unten nach oben gebürstet und zugleich getuscht. Legen Sie zur Vorsicht ein Papiertaschentuch unter die Augen.
Bei empfindlichen Augen verwenden Sie für das Make-up Spezialpräparate oder wasserlösliches Augen-Make-up.
Falsche Wimpern bestreichen Sie mit Spezialklebstoff und kleben sie bei geschlossenem Lid an die Naturwimpern. Legen Sie sie uber den eigenen Wimpern auf das Lid auf, und drücken Sie zuerst in der Mitte und dann erst an den beiden Augenwinkeln auf.
Einzelne künstliche Wimpern setzen Sie mit der Pinzette zwischen die eigenen Härchen.
Über dem Klebeansatz zeichnen Sie einen Lidstrich.
Schminken Sie vor dem Schlafengehen Wimperntusche unbedingt ab, die Härchen brechen sonst ab.

Make-up der Lippen:

Die Lippen erscheinen schöner, und das Rouge haftet länger, wenn Sie den Lippenstift-Inhalt mit einem Pinsel auftragen. Soll er besonders gut haften, streichen Sie zuvor Teintgrundierung auf (s. a. Lippen).

Die Farbe des Lippenstifts soll mit der Farbe des Nagellacks und Ihrer Garderobe harmonieren (s. Lippen und Lippenstift). Am Abend wirken Glanzstifte besonders schmeichelnd.
Lippen werden gepflegt, wenn Sie vor dem Stift Feuchtigkeitscreme auftragen. Das gefürchtete Austrocknen wird dadurch verhindert.
Zeichnen Sie mit einem Konturenstift die Form der Lippen und malen Sie mit einem Pinsel aus. Die Farbe wird dadurch gleichmäßiger verteilt. Lassen Sie das Präparat etwas einwirken, tupfen Sie den Überschuß mit einem Papiertaschentuch ab und streichen Sie nochmals gleichmäßig den Lippenstift auf. Der Konturenstift darf am Abend etwas dunkler als der Stift selbst und sogar Grau oder Braun sein. Dunkle Konturen verkleinern optisch einen Mund, helle und glänzende Farben lassen ihn voller erscheinen.
Korrigieren sollen Sie die Lippen nur, wenn sie zu schmal, zu breit oder unregelmäßig sind.
Tragen Sie auf die Mundpartie Teintgrundierung, und pudern Sie leicht nach. Dann beginnen Sie die gewünschte Form zu zeichnen. Verwenden Sie dazu den Konturenstift. Mit dem Pinsel füllen Sie die Lippen aus.
Reinigen Sie die Lippen gründlich mit Fettcreme oder ölhaltigen Präparaten, aber nicht mit Wasser.

Make-up für den Hals:

Alle Pflegemittel, die Sie für das Gesicht verwenden: Masken und Packungen, Massagen und alle kosmetischen Präparate zur Pflege und Verschönerung müssen auch auf den Hals aufgetragen werden (s. a. Hals).
Machen Sie nie ein vollkommenes Make-up für das Gesicht, ohne den Hals mit einzubeziehen. Tragen Sie die Teintgrundierung auch auf den Hals auf, aber verwenden Sie nur sehr wenig davon.
Das Make-up läßt sich besser fixieren, und Sie verhindern, daß es abgeht, wenn Sie mit angefeuchteter Watte leicht darübertupfen.

Zu jedem Make-up gehört die Reinigung. Ob großes oder kleines Make-up oder nur eine Tagescreme, die Haut muß vorher gründlich gereinigt werden (s. Reinigung).

Make-up-Vorschläge:

Wenn Sie es einmal sehr eilig haben und Ihre Haut gesund und schön ist, benötigen Sie nicht mehr als ein

Mini-Make-up:

Sie reinigen mit Gesichtsmilch und anschließend mit Gesichtswasser, tragen eine Feuchtigkeitscreme auf (gibt es auch getönt), bürsten die Brauen, tupfen auf die Wangen eventuell etwas Rouge und verwenden etwas Lippenglanz. Den Lippenglanz können Sie mit den Fingerspitzen auch zart auf die Augenlider auftragen. Zu empfehlen: Zartrosa, Naturell oder Braun.

Kleines Make-up:

Nach dem gründlichen Reinigen der Haut, Feuchtigkeitscreme, Rouge, ein Hauch Puder auf Nase und Kinn, Lippenglanz (s. Mini-Make-up) auf Lider und Lippen auftragen. Brauen nachstricheln, Wimpern tuschen.

Mittleres Make-up:

Gründlich reinigen, Feuchtigkeitscreme, helle Teintgrundierung, Rouge, Transparentpuder, Lidschatten in der Augenfarbe, Brauenbogen aufhellen, Wimpern kräftig tuschen, den Lippen Konturen geben und mit dem Pinsel ausmalen (s. Lippen).

Großes Make-up:

Reinigen, Feuchtigkeitscreme, Teintgrundierung, Rouge sanft zu den Wangenknochen hin verteilen, Perlmuttglanz auf Brauenbogen und Stirnmitte auftragen, Transparentpuder, Brauen nachziehen, Lidschatten nach Wahl, zu Augen und Kleidung passend, einzelne Wimpern oder Büschel aus 3–5 Wimpern (vom Wimpernband) zwischen die eigenen kleben, kräftig tuschen, Eyeliner passend zum Lidschatten auftragen, Lippen (s. Lippen-Make-up).

Abend-Make-up:

Wandeln Sie das Große Make-up z. B. durch flüssigen Lidschatten mit kräftigem Perlmuttschimmer oder Gold und Silber ab.
Zwei aufeinander abgestimmte Lidschatten mit Perlmutt geben den Augen Tiefe und Glanz.
Lippenstifte mit Metallglanz schmeicheln.
Betonen Sie Mund- und Augenpartie. Verwenden Sie kräftige Farben.

Make-up als Kunst:

Korrekturen: Ändern Sie die Form Ihres Gesichts, vergrößern Sie die Augen, verkleinern Sie den Mund.

Gesichtsform:

Rundes Gesicht strecken:
Helle Teintgrundierung auf Stirne, Nase, Wangen und Hals auftragen, dunkle Grundierung seitlich auf die Wangen. Mit Pinsel ein bißchen Wangenrot.

Dreieckiges Gesicht abrunden:
Helle Grundierung, dann dunkle Grundierung auf die äußeren, eckigen Gesichtspartien auftragen, ausgenommen die äußere Kinnpartie.

Breites Gesicht wirkt schmal:
Dunkles Wangen-Make-up macht das Gesicht schmaler.

Breites Gesicht wirkt oval:
Arbeiten Sie mit zwei Farben. Zuerst helle Grundierung auftragen. Die Partien, die nicht in das Oval passen, anschließend dunkel schminken.

Langes Gesicht erscheint breiter:
Malen Sie die Wangen hell.

Eine breite Nase:
Decken Sie diese zu beiden Seiten dunkel ab.

Eine lange Nase:
Malen Sie eine dunkle Nasenspitze.

Alles, was zurücktreten soll, wird dunkel geschminkt. Selbst den Hals können Sie korrigieren. Ein breiter Hals wird seitlich abgedunkelt.

Ein rundes Gesicht kann auch durch eine breite Oberlippe ausgeglichen werden.

Nach der Korrektur überpudern Sie eventuell das Gesicht. Der Puder soll transparent, d. h. um einen Ton heller sein als die Grundierung.
Die Augenpartie dürfen Sie nicht pudern.
Überschüssiger Puder wird mit dem Puderpinsel oder mit Watte entfernt.

Schnupfen:

Bei Schnupfen widmen Sie Ihrem Make-up besondere Sorgfalt. Vor dem Auftragen einer Teintgrundierung decken Sie alle roten Stellen im Gesicht mit einem hautfarbenen Stift ab. Pudern Sie die Nase am Tag mehrmals nach.
Benützen Sie einen fetthaltigen Lippenstift, und streichen Sie für die Nacht eine pflegende Lippenpomade auf.

Korrekturen

1. Augen:

Kleine Augen erscheinen größer:
Malen Sie das Unterlid und die innere Augenpartie grünbraun. Unter den Brauen grün pudern, schwarz tuschen, etwas Rouge auf die obere Partie der Wangenknochen einstreichen. Einzelne künstliche Wimpern aufkleben.

Tip:

- Schmale Brauen, die einige Millimeter vom äußeren Augenwinkel entfernt enden, lassen das Auge größer erscheinen.

Große Augen erscheinen noch schöner:
Unterlid und inneres Oberlid lila malen, äußeres Oberlid olivgrün pudern. Unter den Brauen bis zum Augenlid rosa Lidschatten auftragen.
Oder:
Gesicht grundieren. Lidschatten vom inneren Wimpernansatz beginnend bis 1 mm vor den Brauen auftragen, den Brauen entlang bis zum äußeren Augenwinkel. Unter den Brauen in einer ganz schmalen Linie hellen Lidschatten auftragen.
Gegen hervortretende Augen:
Durch dunkle Lidschatten in der Lidfalte bis zu den Brauen treten die Augen zurück.
Gegen tiefliegende Augen:
Helle Lidschatten in der Lidfalte bis zu den Brauen auftragen.

2. Mund:

Der Mund erscheint kleiner:
wenn Sie in die Mitte der Lippen zusätzlich eine Lage Rouge auftragen oder einen Konturenstift dunkler als Ihr Lippenrot verwenden.
Kleiner Mund wirkt größer:
Mit rosa Konturenstift Konturen zeichnen.
Herabhängende Mundwinkel:
dwinkel nicht ganz ausmalen, die Mundform ausbessern

durch eine nach aufwärts steigende Linie. Die Lippenpartie außerhalb der neuen Lippenform wird mit Teintgrundierung abgedeckt.

3. Lippen:

Dicke Oberlippe:
Die neue Linie verläuft etwas unterhalb dem V der Oberlippe, dann wird eine kurze Strecke die natürliche Linie übernommen und leicht über die Mundwinkel hinaus verlängert. Die Unterlippe kaum sichtbar vergrößern.

Schmale Lippen:
Der neue Bogen der Oberlippe geht um 1–2 Millimeter über die ursprüngliche Linie hinaus. Eine weiche Linie verläuft bis knapp zu den Mundwinkeln.
Die Breite der Unterlippen vom Zentrum aus nicht verändern. Die natürliche Form der Mundwinkel bleibt in der neuen Linie außerhalb.

4. Kinn:

Doppelkinn:
Helle Teintgrundierung auf das ganze Gesicht auftragen. Dunkle Grundierung auf das Doppelkinn auftragen und über den Hals verlaufen lassen. Mit feuchter Watte abtupfen.

5. Nase:

Gegen breite Nase:
Helle Teintgrundierung auf Gesicht und Nasenrücken streichen. Auf beide Nasenflügel der Länge nach dunkle Grundierung auftragen; oder Nasenrücken hell, Nasenflügel mit Rouge abdekken. Die Übergangsstelle beige überpudern.

Unregelmäßige Nase:
Helle Grundierung auf Gesicht und beide Nasenflügel, dann dunkle Grundierung auf Nasenrücken und zwischen die Nasenlöcher aufstreichen.

Lange Nase erscheint kürzer:

Betupfen Sie die Nasenspitze mit etwas Rouge oder dunklerem Make-up.
Make-up-Pinsel: Diese müssen Sie regelmäßig gründlich reinigen. Den Lippenpinsel wischen Sie nach jedem Gebrauch mit einem Tuch ab. Puderpinsel und Lidschattenpinsel werden mit Laugenwasser, Seifenwasser oder mit reinem Alkohol einmal wöchentlich gereinigt.

Make-up-Taschenausrüstung:

Feuchtigkeitscreme – Lippenstift – Pinsel und Konturenstift – Rougestift – Brauenstift – Abdeckstift – Kompaktpuder und Wimperntusche.

Mandelöl (s. Pflanzenöle)

Maniküre

Die Hände sagen, ob Sie eine gepflegte Frau sind. Pflegen Sie Ihre Hände täglich.

- Den alten Lack sollen Sie jeden dritten Tag entfernen, auch wenn er nicht abgesplittert ist. Legen Sie auf den Nagel einen mit Nagellackentferner getränkten Wattebausch, lassen ihn kurz einwirken und entfernen dann ohne Schwierigkeit auch den kleinsten Lackrest.
- Verwenden Sie niemals einen harten Gegenstand, um den Lack abzukratzen. Sie können den Nagel damit sehr beschädigen.
- Die Nägel formen Sie mit einer guten Feile. Verwenden Sie keine Nagelschere. Reiben Sie nicht zu sehr die Nagelseiten, das könnte den Nagel schwächen.
  Arbeiten Sie mit einer Sandblattfeile oder Saphirfeile, Me-

tallfeilen sind zu grob und könnten ebenfalls den Nagel beschädigen.

- Die Nagelform soll sich nach Ihrem Typ und Ihrer Beschäftigung richten. Wenn Sie den ganzen Tag an der Schreibmaschine sitzen, sollen Sie die Nägel kurz halten, ebenso, wenn Sie Klavier spielen.
- Um das Auftreten von »Nagelwurzeln« möglichst zu verhindern, reiben Sie die Nägel täglich mit Öl oder Creme ein.
- Die Nägel sollen Sie nie mit einer Feile oder Schere oder irgendeinem festen Gegenstand reinigen. Verwenden Sie nur Bürsten mit Naturborsten. Tauchen Sie die Finger in eine mit lauwarmem Seifenwasser gefüllte Schüssel und säubern Sie mit einem kleinen Schwämmchen das Untere der Nägel.
- Wenn Sie den Nagellack auftragen, muß der Nagel glatt und trocken sein, damit er hält. Beginnen Sie mit dem Aufstreichen in der Nagelmitte. Dann malen Sie den Mond aus. Anschließend lackieren Sie eine Hälfte des Nagels und zum Schluß die zweite Hälfte. Mit den Fingerspitzen der anderen Hand streichen Sie das Zuviel an der Nagelkuppe ab.

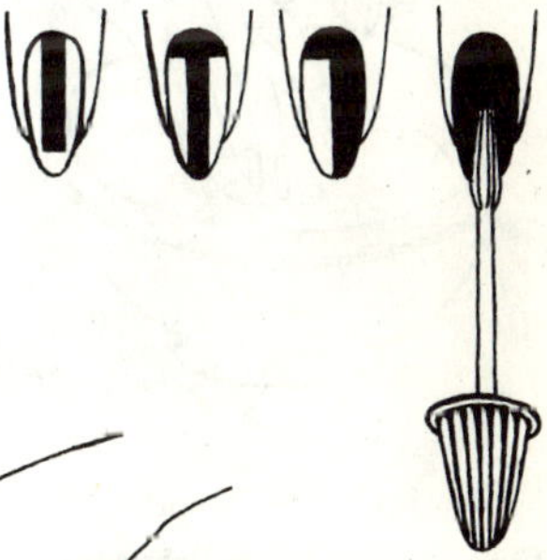

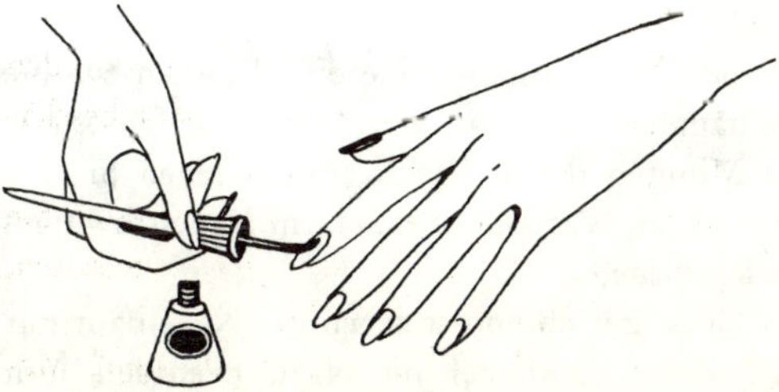

- Verwenden Sie Ihre Nägel nicht als Werkzeug, als Bohrmaschine, Schraubenzieher oder gar Topfkratzer.

Trotz täglicher Nagelpflege sollen Sie die Hände einmal wöchentlich maniküren.

Sie benötigen dazu: 1 Sandblattfeile oder eine Saphirfeile (feine Seite benützen), 1 Orangenholzstäbchen, 1 »Pferdefüßchen« aus Gummi, 1 Nagelhautentferner, 1 Nagellackentferner, Nagelöl, Seife, Watte, Nagellack.

Lösen Sie den alten Lack mit Watte und Nagellackentferner. Schneiden Sie die Nägel nicht, feilen Sie sie in die richtige Form.

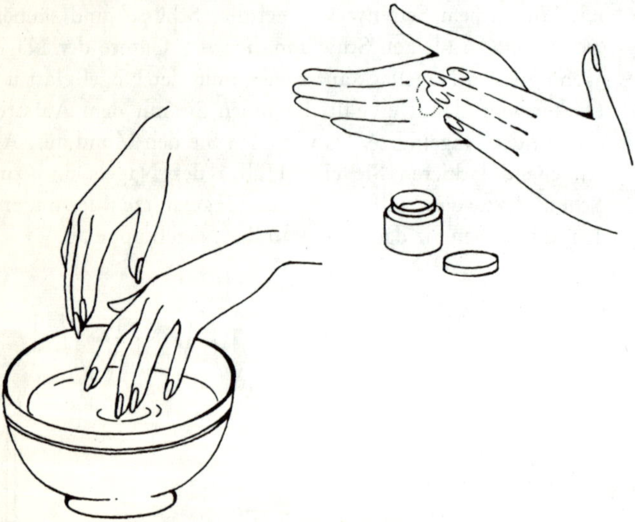

Massieren Sie Öl oder fetthaltige Creme ein. Tauchen Sie die Finger zur Nagelhauterweichung in eine warme Seifenlösung, baden Sie sie 10 Minuten darin. Gleichzeitig reinigen Sie die Nägel mit einem feuchten Wattestäbchen, einem Nagelschwamm oder einem »Pferdefüßchen«.

Sie trocknen die Hände gut ab und schieben die Nagelhaut mit dem Frotteetuch zurück. Sie können die Nägel eventuell auch erst jetzt mit einem watteumwickelten Holzstäbchen säubern. Auf die Nagelhaut lassen Sie kurze Zeit Nagelhautentferner einwirken. Anschließend umwickeln Sie ein Orangenholzstäbchen mit Watte oder benützen das Pferdefüßchen und lösen die Nagelhaut. Wenden Sie keine Gewalt an. Dann massieren Sie Creme oder Öl ein und entfernen die restliche Nagelhaut. Spülen Sie die Finger ab, trocknen Sie die Nägel gut. Jetzt tragen Sie eine Schicht Lack auf. Warten Sie, bis er trocken ist, dann tragen Sie eine zweite Lage Nagellack auf. Lassen Sie den Lack gut eintrocknen, dann spülen Sie mit kaltem Wasser nach. In die Handflächen verreiben Sie eine gute Handcreme.

Tip:

Breite Finger wirken schmaler, wenn Sie die Nägel seitlich nicht voll ausmalen.
Eingerissene Nägel nicht schneiden. Tesafix darüberkleben und den Nagel wie üblich lackieren (s. Fingernägel).
Reihenfolge beim Lackieren: Zeigefinger, Mittelfinger, Ringfinger, kleiner Finger und erst zum Schluß den Daumen lackieren. Wenn Sie es umgekehrt machen, rinnt der Lack seitlich am Daumen ab und bildet eine dicke Schicht. Verwenden Sie Unterlack und Überlack. Die Nägel sind besser geschützt, und der Lack blättert nicht so leicht ab.
Wenn Sie durch einen Unfall oder durch Krankheit einen Nagel verlieren, können Sie sich trösten: In 3–4 Monaten ist ein völlig neuer Nagel nachgewachsen. Behelfen Sie sich in der Zwischenzeit mit einem künstlichen Nagel.

Mannequinschule

Mannequinschulen sind nicht ausschließlich den Mannequins vorbehalten. Sie werden von vielen berufstätigen Frauen und Mädchen und auch von Hausfrauen besucht.
Jede Frau, die ihre Schüchternheit ablegen will und ein sicheres,

gefälliges Auftreten erreichen möchte, soll einen Grundkurs an der Schule für Mannequins belegen. Es gibt Einzel- und Gemeinschaftskurse.
Schon nach einigen Kursstunden verstehen Sie es, mit Eleganz und ausgezeichneter Haltung jedes Kleid zu tragen. Ihre Schultern bleiben ruhig, der Kopf sitzt gerade, aber nicht steif auf Ihrem Körper.
In den nächsten Stunden lernen Sie, mit den Accessoires richtig umzugehen. Tasche, Handschuhe und Regenschirm benützen Sie ohne Schwierigkeit und mit ruhigen, sicheren Bewegungen. Sie lernen, wie man sich in einem Regenmantel bewegt und wie in einem eleganten Abendmantel.
Schwierig wird es, wenn Sie mit einer langen, eng anliegenden Robe graziös die Treppe hinauf- und hinabschreiten sollen. Aber wenn der Kurs beendet ist, sind Sie auch auf diesem Gebiet eine perfekte Dame.

Männer lieben es nicht,

wenn

- Sie unfrisiert nach Büroschluß zum Autobus laufen
- Sie zum Abendessen im Restaurant das Bürokleid nicht wechseln
- Sie auf der Straße rauchen
- Sie mit dem Zigarettenstummel die nächste Zigarette anzünden
- Sie Tag für Tag Schuhe mit flachem Absatz anziehen, weil sie bequemer sind
- Sie Wörter aussprechen, die Sie von Ihren männlichen Kollegen aufgeschnappt haben
- Sie durch lautes Lachen die Aufmerksamkeit der Umstehenden auf sich lenken
- Sie sich betont männlich kleiden und benehmen.

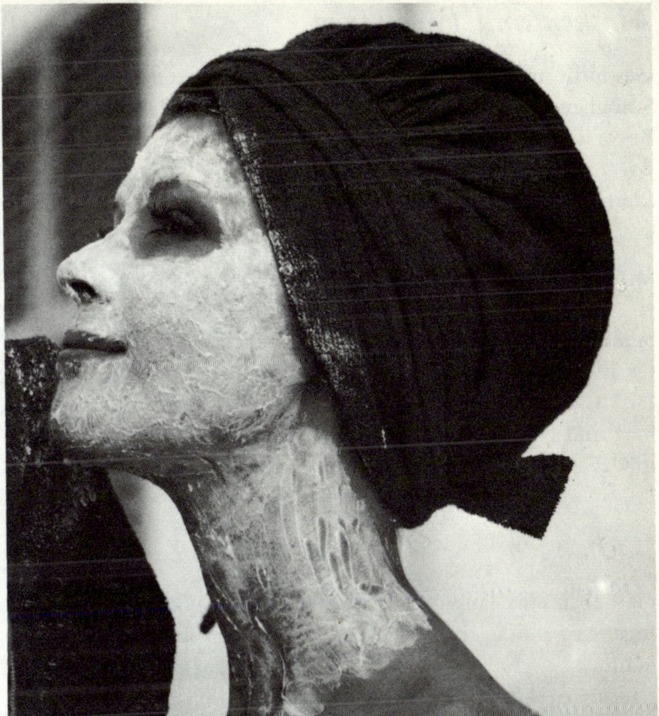

Masken und Packungen sind ein ideales Schönheitsmittel. Vor ihrer Anwendung sollte man einen Hauttest machen. Achten Sie darauf, daß die Augen- und Mundpartie immer frei bleibt.

Masken und Packungen

Geschickt angewendet, sind Masken und Packungen ein ideales Schönheitsmittel.
Bevor Sie eine Maske auftragen, machen Sie einen Hauttest (s. dort). Wählen Sie die Maske oder Packung, die Ihrer Hautbeschaffenheit am besten entspricht.

Masken

Am Abend vor dem Ausgehen aufgetragen, haben Sie den größten Effekt. Sie verjüngen die Haut für einige Stunden um Jahre. Die Augen- und Mundpartie muß freibleiben. Masken werden hart und brüchig. Nicht zu oft auftragen, die Haut wird übermüdet, denn Masken sind luftundurchlässig.

Packungen

Sie haben eine lang anhaltende, pflegende Wirkung. Regelmäßige Anwendung von Packungen verjüngt und verschönt die Haut.
Packungen können 1–2 mal wöchentlich aufgetragen werden. Packungen regen die Durchblutung an, kleine Fältchen werden geglättet, die Haut wird frisch. Im Gegensatz zu Masken erstarren Packungen nicht, sie sind luftdurchlässig, sie bleiben feucht (cremig) oder werden feucht gehalten (z. B. mit aufgelegten Kompressen).
Beim Abnehmen der Masken und Packungen – in der Folge werden Masken und Packungen ohne Unterschied mit »Maske« benannt – darf die Haut nicht gezerrt oder überdehnt werden. Tragen Sie eine Maske nur auf die gut gereinigte Haut auf, und machen Sie nicht beim Kinn Schluß. Der Hals ist für eine Maske besonders dankbar. Masken, die erstarren, streichen Sie nicht auf die mittlere Halspartie auf. Ihre Schilddrüse könnte unangenehm reagieren.

Eine Maske, speziell für Hals und Dekolleté, sollen Sie zweimal wöchentlich anwenden. Anschließend streichen Sie eine Spezialcreme auf.
Bei Spannmasken lassen Sie die Augenpartie frei. Legen Sie auf die Augen Wattebäusche, die Sie in Augenlotion oder Kräutertee getränkt haben (s. Augen). Entspannen Sie sich im Halbdunkel. Legen Sie sich 20 Minuten auf eine Couch, decken Sie sich mit einer warmen Decke zu, schieben Sie ein Kissen unter Ihre Kniekehlen, und versuchen Sie, an nichts zu denken.
Die Maske nehmen Sie mit lauwarmem Wasser ab, spülen kalt nach und tragen Nähr- oder Feuchtigkeitscreme auf.

Tip:

- Setzen Sie sich mit der Maske in die Badewanne. Durch die Wärme werden alle Poren geöffnet, und die Wirkstoffe können besser einziehen.

Sie können fertige Masken für jede Hautbeschaffenheit kaufen. Beachten Sie dann bitte die Gebrauchsanweisung.
Seit neuestem gibt es auch Masken in Ampullen zu kaufen. Diese Wirkstoffe sind besonders wertvoll, weil sie hoch konzentriert sind. Öffnen Sie die Ampullen erst kurz vor dem Auflegen, und verwenden Sie nach Möglichkeit die ganze Flüssigkeit. Selbst wenn Sie den Rest im Kühlschrank aufbewahren, verringert sich die Wirksamkeit der Wirkstoffe.

Für jeden Hauttyp die richtige Maske:

Fettige Haut: Heilerde, Hefe, Schwefel, Kamille, Vitamin, Orangen, Gurken, Schaum, Kräuter.

Trockene Haut: Quark-Honig, Hefe, Öl, Vitamine, Kartoffel, Erdbeer, Eigelb, Joghurt.

Mischhaut: Gurken, Hefe, Eigelb, Vitamine, Quark.

Alternde Haut: Eiweiß, Eigelb, Hefe, Heilerde, Vitamine, Pfefferminz, Karotten.

Unreine Haut: Hefe, Heilerde, Kräuter.

Faltige Haut: Eigelb-Öl, Eiweiß-Zitrone, Hefe.

Für jede Haut: Regenmaske – Spazierengehen im Regen oder nach einem Regenguß.

Reinigungspackungen:

1. Heilerde wird als Packung bei fetter, unreiner und normaler Haut angewandt. Sie wirkt aufsaugend, heilend und reinigend.
   Die im Handel erhältliche Heilerde wird mit heißem Wasser zu einem Brei verrührt und so heiß wie möglich auf das Gesicht aufgetragen. Nach 10 Minuten lauwarm abwaschen und kalt nachspülen. Anschließend, dem Hauttyp entsprechend, eine Creme einklopfen.
2. Heilerde mit 3 Eßlöffeln Wasser, Zitronensaft, Kräutertee oder angewärmtem Öl zu einem Brei verrühren! Nach 30 Minuten warm abwaschen und kalt nachspülen.

Nährpackungen:

1. Für trockene, normale und unreine Haut: 1 Eigelb mit 1 bis 2 Teelöffel Olivenöl und einigen Tropfen Zitronensaft anrühren, im Wasserbad anwärmen und auf Gesicht, Hals und Dekolleté gleichmäßig verteilen. 15 Minuten einwirken lassen, lauwarm abspülen.
2. Für trockene, normale und Mischhaut: 1 Eigelb, 1 Teelöffel Honig, 1 Teelöffel Olivenöl und einige Tropfen Zitronensaft. 15–20 Minuten einwirken lassen, lauwarm abspülen.
3. 2 Eßlöffel Quark, 1 Eßlöffel Milch, 1 Teelöffel Honig verrühren. 15–20 Minuten einwirken lassen, lauwarm abnehmen.
4. Für die zarte Haut: Hafermehlpackung. 3 Eßlöffel Hafermehl mit 3 Eßlöffeln Borwasser oder 3 Eßlöffeln Milch anrühren, einige Tropfen Zitronensaft zugeben. Nach 15 Minu-

ten lauwarm abwaschen. Man kann das Hafermehl auch mit Eigelb verrühren.

5. Für trockene, fahle und empfindliche Haut: Hefemaske. 2 Eßlöffel Bierhefe mit etwas Milch und einigen Tropfen Olivenöl zu einem dickflüssigen Brei verrühren. 15 Minuten einwirken lassen.

Erfrischungs- und Durchblutungspackungen für alle Hauttypen:

1. Erdbeer-, Bananen- und Gurkenpackungen wirken sehr erfrischend. Man kann sie vor dem Ausgehen anwenden.
   Bei Packungen aus frischen Erdbeeren und Bananen sollte man vorher immer etwas Nährcreme einmassieren.
2. Stark durchblutend wirkt eine Maske aus Mandelkleie. 2 Eßlöffel Mandelkleie werden mit Borwasser oder lauwarmem Wasser und einigen Tropfen Zitronensaft verrührt. 15 Minuten antrocknen lassen. Man kann die Mandelkleie auch mit Eigelb verrühren.

Spannmaske:

1 Eiweiß mit etwas Zitronensaft schaumig rühren und dünn auftragen. Wenn die Maske gut spannt, vorsichtig abwaschen.

Beruhigende Packungen:

Quark mit Buttermilch verrührt und Joghurtpackungen wirken besonders beruhigend bei nervöser Haut. Die gleiche Wirkung hat auch eine Schwefelmaske.

Schnellmasken:

Das sind Feuchtigkeits- und Schaummasken. Sie enthalten Feuchtigkeit und Vitamine und erfrischen augenblicklich. Die Schaummaske zieht minutenschnell ein und ersetzt auch die Tagescreme (s. Schnelltips).

Massagen

Richtige Massagen sollen nur von Fachkräften vorgenommen werden. Sie sollen die Muskeln lockern, Verkrampfungen entgegenwirken, die Haut gut durchbluten und die Faltenbildung verzögern. Heilmassagen werden in bestimmten Fällen vom Arzt verschrieben. Die Krankenkasse übernimmt die Kosten.

Kleinere Massagen, sogenannte Oberflächenmassagen, können Sie zu Hause durchführen. Selbst ungewollt wird bei jedem Auftragen von Kosmetikpräparaten eine leichte Klopf- oder Streichmassage auf die Haut ausgeübt.

Grundregeln:

- Vor jeder Massage fetten Sie die Körper- und Hautpartien gründlich ein
- Massieren Sie immer von unten nach oben und in kleinen kreisenden oder klopfenden Bewegungen.

Gesichtsmassage:

Hals:

Der Hals benötigt viel Fett. Streichen Sie mit eingefetteter Handfläche zart von unten nach oben und oben nach unten. Vermeiden Sie dabei jeden Druck auf die Schilddrüse.

Kinn:

Die Haut unter den Ohren wird mit einer Hand festgehalten. Mit der anderen streichen Sie unter dem Kinn entlang vom rechten zum linken Ohr und umgekehrt.

Fahren Sie mit dem Zeigefinger zugleich die Konturen entlang.

Mund:

Die beiden Ringfinger legen Sie in der Mitte über dem Kinn auf und streichen nach oben einen Kreis um den Mund.

Wangen:

Mit der linken Hand streichen Sie die linke, mit der rechten Hand die rechte Wange von unten nach oben zu den Nasenflügeln und von dort zu den Schläfen.

Nase:
Streichen Sie mit zwei Fingern von unten nach oben und umgekehrt zart am Nasenrücken und an der Seite entlang von der Nasenwurzel zur Nasenspitze.
Augenpartie:
Sie muß besonders vorsichtig und ohne jeden Druck behandelt werden. Klopfen Sie die Creme ein oder beginnen Sie mit der leichten Streichmassage an der Nase, fahren die untere Augenpartie weiter bis zu den Augenbrauen und auf das geschlossene Lid.
Die untere Augenpartie massieren Sie zart vom äußeren zum inneren Augenwinkel.
Stirn:
Streichen Sie mit den Fingerspitzen von der Mitte zu den Schläfen.

Körpermassage:

Nach jeder Gymnastikübung sollen Sie den ganzen Körper massieren, am besten mit einem Massagehandschuh.
Beine:
Bei Krampfadern ist Massage verboten!
Streichen und kneten Sie die Beine nach aufwärts zum Herzen hin. Behandeln Sie Ihre Hände zuvor mit einer guten Fettcreme, wenn Ihre Haut trocken ist. Wenn Sie starke Beine haben und abnehmen möchten, verwenden Sie eine Schlankheitscreme oder eine Speziallotion.
Massieren Sie die Beine nicht stehend, sondern immer sitzend. Umspannen Sie mit beiden Händen den Knöchel, ziehen Sie das Knie an und strecken Sie es langsam durch, während Sie mit leichtem Druck auf das Bein mit den Händen nach oben weiter bis zu den Schenkeln streichen. Bei Cellulitis (s. dort) werden Spezialmassagen angewendet.
Schenkel:
Drücken Sie beide Handinnenflächen fest auf einen Schenkel und umspannen Sie den unteren Teil des Knies. Dann streichen Sie mit zartem Druck weiter die Schenkel hoch nach oben.

Arme:
Wie Beine von den Fingerspitzen zum Schultergelenk massieren.
Hüften:
Sie werden kreisförmig massiert.
Bauch:
In Uhrzeigerrichtung massieren.
Rücken:
Er wird mit einer Stielbürste oder einem Bürstenband abgerubbelt.
Nacken:
Dieser wird mit den Fingern beider Hände durchgeknetet.
Beenden Sie die Körpermassage mit einer kurzen Dusche und einer Abreibung mit erfrischender Emulsion oder mit Körperöl.
Die beste Ganzmassage ist das Schwimmen (s. Sport).
Die Eigen-Massage ersetzt nie das Können einer gelernten Kraft. Wenn Sie es nötig haben, suchen Sie von Zeit zu Zeit eine Masseuse auf, Sie werden sich anschließend wie neugeboren fühlen, und Sie wissen, Sie haben etwas für Ihre Gesundheit getan.
Unterwassermassagen sind besonders wirksam. Sie können vom Arzt verschrieben werden. Dann übernimmt die Krankenkasse die Kosten.

Haarmassage:

Mit Öl (Klettenwurzel- oder Rizinusöl) oder einer Haarlotion fördert man eine Haarmassage, die Durchblutung der Kopfhaut und hilft bei Schuppen und Haarausfall.
Wenn Sie Haarwasser auftragen, verwenden Sie eine Pipette, mit der Sie die Flüssigkeit direkt auf den Haarboden träufeln können, ohne daß die Haare naß werden. Verschieben Sie mit den Fingerkuppen die Kopfhaut in kreisenden Bewegungen.

Milch

Vollmilch oder Buttermilch, Ihrem täglichen Waschwasser beigemengt, macht die Haut schön und zart.

Die Haut bleibt länger glatt, die Faltenbildung verzögert sich, wenn Sie das Gesicht mehrmals mit einem in Buttermilch getränkten Wattebausch leicht massieren.
Wenn Sie täglich ein Glas Vollmilch trinken, führen Sie dem Körper alle Vitamine und viele wertvolle Mineralstoffe zu. Teint, Augen und Haare werden gesund, schön und strahlend, denn Milch ist die wertvollste Eiweißnahrung.
Leistungssteigernd wirkt dreimal ein Glas Vollmilch täglich.
Bei Verstopfung trinken Sie am Abend vor dem Schlafengehen 1 Glas Vollmilch. Essen Sie eine Scheibe Vollkornbrot dazu.
Magermilch hat den vollen Eiweißgehalt, ist aber fettarm.

Mineralstoffe

Lebenswichtige Mineralstoffe sind: Kalzium, Phosphor, Natrium, Kalium, Eisen, Magnesium, Schwefel. Sie sind in vielen Nahrungsmitteln enthalten (s. Nährwerttabelle), unter anderem in Obst, Gemüse, Milch, Getreide und Innereien.
Ein Glas Vollmilch täglich versorgt Sie mit wertvollen Mineralstoffen und Spurenelementen.

Mitesser

Mitesser sind verhärtete Talgpfröpfchen. Sie entstehen bei übermäßiger Fettabsonderung der Haut. Wenn sie sehr zahlreich auftreten und zum Teil vereitert sind, spricht man von Akne (s. dort).
Vereiterte Pickel sollen Sie nicht selbst ausdrücken, es besteht die Gefahr einer Infektion. Sie können außerdem das Gewebe quetschen.
Reinigen Sie das Gesicht mit Mandelkleie, Teerseife oder Akne-Spezialreinigungscreme und machen Sie einmal wöchentlich ein Gesichtsdampfbad, vorzugsweise mit Kamillentee, oder legen Sie warme Kompressen auf.

Wenn Ihre Haut nicht entzündet ist, drücken Sie anschließend mit einem Komedonquetscher (s. dort) die erweichten Mitesser aus. Ohne Komedonquetscher umwickeln Sie die beiden Zeigefinger mit einem Zellstofftuch, und drücken Sie vorsichtig das Talgpfröpfchen aus.

Betupfen Sie die Stellen anschließend mit desinfizierendem alkoholischen Gesichtswasser.

Legen Sie Heilerdemasken auf. Sie wirken heilend.

Gesichtsdampfbäder mit Kamille wirken entzündungshemmend, heilend und beruhigend.

Setzen Sie das Gesicht manchmal der Sonne aus. Die Sonne zieht das Fett aus der Haut und wirkt austrocknend.

Achten Sie auf eine gesunde Ernährung:

- Ihre Verdauung muß geregelt sein (s. Verstopfung).
- Meiden Sie fette und scharf gewürzte Speisen.
- Verzichten Sie vorübergehend auf Süß- und Backwaren.
- Alkohol und Schokolade nehmen Sie nicht in Ihr Speiseprogramm auf.
- Essen Sie viel Obst, Gemüse, Vollkornbrot, Joghurt, Quark.
- Sorgen Sie für reichlich Schlaf.
- Achten Sie auf einwandfreie Sauberkeit.

Mundpflege (s. Atem)

Mundgymnastik (s. Gymnastik)

Mundpflege (s. Lippen)

Mundwasser

Nach jedem Zähneputzen sollen Sie den Mund mit Mundwasser spülen. Es desinfiziert die Mundhöhle und den Hals.

Eine Mundspülung mit Mundwasser, auch tagsüber, reinigt den Atem und erfrischt zugleich.

Mundwinkel, herabhängende

Auch das geschickteste Make-up kann tief eingekerbte Nasenfalten und herabhängende Mundwinkel nicht verstecken.
Vorbeugungsmaßnahmen:
Lächeln Sie, wann und wo immer Sie mögen, es wirkt anstekkend und ist zugleich die beste Vorbeugung und Medizin gegen einen unschönen, herabhängenden Mund.
Weitere Vorbeugungsmittel sind Massagen, Klopf- und leichte Streich-Massagen und Gesichtsgymnastik (s. dort) sowie eine positive Lebenseinstellung.

Muttermal

Ein Muttermal auf der Wange oder an der Stirn kann einem Gesicht besonderen Reiz verleihen.
Ist es sehr groß und störend oder sind mehrere dieser braunen Flecke über den ganzen Körper verstreut, so befragen Sie einen Hautarzt. Muttermale können schmerzlos entfernt werden.

N

Nacken

Am Nacken lagert sich gern Fett ab. Es ist sehr wichtig, daß Sie ihn täglich fest bürsten, und zwar entweder mit einer milden Seife oder einer Waschcreme.
Ist Ihre Haut trocken, tragen Sie anschließend eine feuchtigkeitshaltige Lotion, ein Vitaminöl oder ein Körperfunktionsöl auf. Massieren Sie den Nacken öfters mit einer Schlankheitscreme, damit sich das Fett nicht erst festsetzen kann.

Nährwerttabelle

Aus nachfolgender Aufstellung ergibt sich der Gehalt an Nährstoffen in jeweils 100 g Lebensmitteln. Die Angaben gelten nur als Mittelwert. Standort, Klima, Düngung, Ernte, Art und Dauer der Lagerung bei pflanzlichen Produkten sowie Rasse, Fütterungs- und Haltungsverhältnisse bei tierischen Produkten führen zu Wertschwankungen.
Der durchschnittlich anfallende Abfallanteil bei der Ausnützung der Nährstoffe durch den Körper ist schon abgezogen.
Der Energiehaushalt errechnet sich aus den abgerundeten Analysenwerten der Nährstoffe in den Lebensmitteln in Kalorien: 1 Kilocalorie (Kcal) = 4,186 Kilojoule (KJ), 1 KJ = 0,24 Kcal, 1 MJ = 240 Kcal.
In den Angaben über den Kaloriengehalt sind auch die Energiemengen der verwertbaren Nährstoffe enthalten, die unausgenutzt verlorengehen.
Nachfolgende Nährwerttabelle wurde der »Kleinen Nährwerttabelle der deutschen Gesellschaft für Ernährung e. V.« mit freundlicher Genehmigung des Herausgebers auszugsweise entnommen.

Der genießbare Teil von 100 g eingekaufter Ware enthält:

Lebensmittel	Eiweiß g	Fett g	Kohlenhydrate g	Energie	Mineralstoffe			
				Calorien kcal	Natrium mg	Calcium mg	Phosphor mg	Eisen mg
Lebensmittel tierischer Herkunft								
Fleisch und Fleischwaren								
Blutwurst	14	44	.	463	.	10	160	2,0
Bratensoße, kochfertig	10	10	53	350	.	.	.	.
Bratwurst	12	35	.	375	.	5	.	1,0
Corned beef, deutsch	22	6	.	153	830	35	.	.
Dosenwürstchen	13	20	.	239	710	10	185	2,7
Ente	15	14	.	194	64	9	145	1,7
Fleischbrühe	1	1	1	15	.	.	.	.
Fleischwurst	11	30	.	324	.	9	165	2,5
Fleischkonserven (Roastbeef)	25	14	.	233	.	14	.	3,0
Frankfurter Würstchen	13	21	+	250	780	8	105	1,8
Gans	10	20	.	230	54	8	+	1,2
Gekörnte Brühe	25	8	.	176	.	.	.	.
Gelatine	84	+	+	340	30	10	+	+
Hackfleisch (halb u. halb)	20	14	.	210	.	9	160	2,5
Hammelfleisch, mittelf.	13	20	.	246	75	7	135	1,8
Herz, Durchschnitt aus Rind u. Kalb	12	5	1	117	90	10	225	2,8
Hirn (Kalb)	10	8	1	125	170	9	345	2,6
Huhn (Brathuhn)	15	4	.	107	61	9	150	1,3
Kalbfleisch, mittelfett	16	3	.	93	75	10	160	1,7
Kasseler Rippchen	15	22	+	272	795	5	135	2,1
Leber (Kalb)	18	4	4	137	80	4	300	10,2
Leberkäse	13	23	+	271	600	4		
Leber (Rind)	18	3	6	131	110	7	335	6,6
Leber (Schwein)	19	5	1	137	72	9	335	20,6
Leberwurst	12	40	1	440	795	40	150	5,2
Leberwurst, mager	17	21	2	268	.	9	240	5,5
Lunge (Kalb)	13	2	+	75	117	4	+	4,0
Mettwurst (Braunschw. Mettw.)	12	51	.	530	1070	13	(155)	(1,6)
Mortadella	12	32	+	360	655	41	.	.
Niere (Kalb)	15	6	1	121	175	9	230	10,1
Rindfleisch, fett	14	24	.	293	85	8	140	2,1
Rindfleisch, mager	15	11	.	173	45	9	140	2,1
Rindfleisch, mittelfett	15	18	.	238	75	8	125	2,4
Rindfleisch, sehr mager	22	2	.	111		11	170	3,0

Der genießbare Teil von 100 g eingekaufter Ware enthält:

Lebensmittel	Eiweiß g	Fett g	Kohlenhydrate g	Energie: Calorien kcal	Mineralstoffe: Natrium mg	Calcium mg	Phosphor mg	Eisen mg
Salami	17	47	+	523	1185	33	.	.
Schinken, gekocht	19	20	.	274	850	10	155	2,4
Schweinefleisch, fett	10	37	.	389	70	7	140	1,4
Schweinefleisch, mager	19	7	.	143	.	8	150	2,0
Speck, durchwachsen	8	60	.	605	1.630	83	100	0,7
Speck, fett	2	80	.	770	385	5	120	0,4
Suppenhuhn	20	13	.	200	.	14	200	1,5
Truthahn (Puter)	15	11	+	168	48	19	185	3,1
Zunge (Rind)	12	12	+	167	75	7	170	2,2
Wild								
Hase	17	2	.	99	40	7	175	1,9
Kaninchenfleisch	16	6	1	132	37	11	175	2,8
Pferdefleisch	16	2	+	89	33	10	140	3,5
Reh (Rücken)	16	3	.	93	59	18	155	2,1

Fische und Fischwaren

Lebensmittel	Eiweiß g	Fett g	Kohlenhydrate g	Calorien kcal	Natrium mg	Calcium mg	Phosphor mg	Eisen mg
Aal	9	18	+	209	55	13	115	0,4
Aal, geräuchert	14	19	1	246	583	69	155[1])	0,5[1])
Bückling, geräuchert	14	9	+	146	454	20	160	(0,9)
Forelle, Bach-Regenbogenforelle	10	1	+	52	20	7	110	0,5
Hecht	10	1	.	49	35	11	105	0,6
Heilbutt	14	4	.	98	59	10	160	0,5
Hering, Filet	17	19	+	255	118	57	240	1,1
Hering (ganzer Fisch)	11	12	.	161	74	36	150	0,7
Hering, mariniert (Bismarckhering)	17	13	.	203	950	29	145	.
Kabeljau, Dorsch (Filet)	17	+	+	78	86	11	190	0,5
Kabeljau, Dorsch (ganzer Fisch)	10	+	+	44	48	6	105	0,3
Karpfen	10	4	+	83	22	19	120	0,6
Krabben in Büchsen	18	1	1	84	.	75	210	2,0
Lachs in Büchsen	21	9	.	170	529	181	285	1,0
Matjeshering (ganzer Fisch)	12	12	.	161	.	.	.	.
Ölsardinen (nur abgetropfte feste Teile)	24	14	1	240	505	330	430	2,7

Der genießbare Teil von 100 g eingekaufter Ware enthält:

Lebensmittel	Eiweiß g	Fett g	Kohlenhydrate g	Energie: Calorien kcal	Mineralstoffe: Natrium mg	Calcium mg	Phosphor mg	Eisen mg
Rotbarsch, Goldbarsch (Filet)	19	3	+	112	94	46	210	4,3
Rotbarsch, Goldbarsch (ganzer Fisch)	10	2	+	61	51	25	115	2,3
Salzhering (Pökelhering)	9	7	+	100	2550	48	(145)	(8,6)
Schellfisch (Filet)	18	+	+	80	116	18	175	0,6
Schellfisch (ganz. Fisch)	10	+	+	46	66	10	100	0,4
Seelachs (Filet)	18	1	+	88	81	14	300	1,0
Seelachs (ganz. Fisch)	12	1	+	57	53	9	195	0,7
Stockfisch (Kabeljau) Schellfisch (getrocknet)	51	2	.	238	320	38	290	2,8
Thunfisch in Öl (feste und flüssige Anteile)	24	21	.	304	361	7	295	1,2
Eier								
Hühnerei (Gesamt-Inhalt)	11	10	1	147	127	49	190	1,8
Hühnerei, St. ca. 57 g	7	6	+	84	72	28	110	1,0
Hühnereigelb (Flüssigeigelb)	16	32	+	377	51	140	590	7,2
Hühnereiweiß (Flüssigeiweiß, Eiklar)	11	+	1	55	170	11	20	0,2
Hühnervollei, getrockn. (Trockenvollei)	46	42	2	613	.	190	755	8,8

Milch und Milcherzeugnisse

Lebensmittel	Eiweiß g	Fett g	Kohlenhydrate g	Calorien kcal	Natrium mg	Calcium mg	Phosphor mg	Eisen mg
Buttermilch	4	1	4	36	57	109	90	0,1
Kondensmilch, ungez. (7,5% Fett)	7	8	10	137	98	240	190	0,1
Kondensmilch (10% Fett)	9	10	13	181	130	315	245	0,1
Kondensmilch (entrahmt)	9	+	12	86	150	150	200	.
Kuhmilch, 3,5% Fett (Trinkmilch)	3,5	3,5	5	66	50	118	90	0,1

Der genießbare Teil von 100 g eingekaufter Ware enthält:

Lebensmittel	Eiweiß g	Fett g	Kohlenhydrate g	Energie: Calorien kcal	Mineralstoffe: Natrium mg	Calcium mg	Phosphor mg	Eisen mg
Kuhmilch (Roh-, Vorzugsmilch)	3,5	4	5	70	50	118	92	0,1
Magermilch (Entrahmte Milch)	4	+	5	35	53	123	95	.
Sahne (Rahm)	3	10	4	127	.	110	80	0,1
Schlagsahne mit mindestens 28% Fett	2	30	3	302	38	75	65	.
Trinkmilch-Joghurt	5	4	5	74	62	150	135	0,2
Trockenmagermilch (Magermilchpulver)	35	1	52	370	560	1300	1000	0,8
Trockenvollmilch (Vollmilchpulver)	25	26	38	500	370	920	710	0,7
Eiscreme	4	12	20	205	100	135	115	0,1
Camembert (45% i. Tr.)	19	23	2	301	1.150	382	185	0,5
Doppelrahmfrischkäse (60% Fett i. Tr.)	15	31	2	354	606	64	190	.
Edamer Käse, fett (40% Fett i. Tr.)	24	22	3	316	685	711	425	0,7
Hartkäse, vollfett (45% Fett i. Tr.)	25	27	3	372	650	830	510	0,6
Hartkäse, dreiviertelfett (30% Fett i. Tr.)	27	16	3	279	870	790	555	0,6
Magerkäse, (unter 10% Fett i. Tr.)	37	3	4	192	.	1200	400	1,0
Sahnequark (40% Fett i. Tr.)	12	12	4	166	30	70	200	0,3
Schichtkäse (10% Fett i. Tr.)	16	4	3	115	35	75	190	0,4
Schmelzkäse, vollfett	14	24	6	305	126	547	945	1,0
Schmelzkäse, halbfett	25	11	1	209	.	600	.	1,0
Speisequark, mager	17	1	2	88	36	71	190	0,5
Weichkäse, halbf. (20% Fett i. Tr.)	26	9	1	195	1250	500	270	0,4

Öle und Fette (pflanzliche und tierische)

Lebensmittel	Eiweiß g	Fett g	Kohlenhydrate g	Calorien kcal	Natrium mg	Calcium mg	Phosphor mg	Eisen mg
Butter Deutsch. Markenbutter	1	83	+	775	5	13	20	0,1
Lebertran	+	100	+	948	+		.	.
Margarine	1	80	+	761	75	10	10	0,1

Der genießbare Teil von 100 g eingekaufter Ware enthält:

Lebensmittel	Eiweiß g	Fett g	Kohlenhydrate g	Energie: Calorien kcal	Mineralstoffe: Natrium mg	Calcium mg	Phosphor mg	Eisen mg
Mayonnaise	2	80	3	764	.	19	60	1,0
Mayonnaise	1	52	5	509	.	.	.	.
Rindertalg	1	97	+	921	11	+	5	0,3
Schweineschmalz	+	100	+	947	1	.	.	.
sonst. pflanzl. Fette u. Öle (Olivenöl)	+	100	+	927	1	.	.	.
Obst		Fruchtsäure						
Ananas	0,3	.	7	30	1	9	5	0,2
Apfelsinen, Orangen	0,7	1	9	39	2	30	15	0,4
Äpfel	0,3	1	12	50	3	7	10	0,4
Aprikosen	0,8	1	11	49	2	15	20	0,6
Bananen	0,8	+	14	61	1	7	20	0,4
Birnen	0,5	+	13	55	2	16	20	0,3
Brombeeren	1,2	1	9	48	3	29	30	0,9
Erdbeeren	0,8	1	7	36	2	25	30	0,9
Hagebutten	2,3	2	14	66	.	.	.	.
Heidelbeeren	0,6	1	13	60	1	10	10	0,7
Himbeeren	1,3	1	8	40	.	40	45	1,0
Johannisbeeren, rot	1,1	4	8	37	2	25	30	0,9
Johannisbeeren, schwarz	1,0	3	10	46	3	17	25	0,9
Kirschen, süß	0,7	1	13	57	2	14	20	0,4
Pfirsiche	0,7	1	10	42	3	5	30	1,2
Pflaumen	0,7	1	12	50	2	13	20	0,4
Preiselbeeren	0,3	2	9	43	2	13	10	0,5
Stachelbeeren	0,8		9	43	2	28	30	0,6
Weintrauben	0,7	.	16	70	2	21	25	0,5
Zitronen	0,5	3	5	18	2	7	10	0,3
Kartoffeln		Fett g						
Kartoffelknödelmehl	5	+	77	337	.	.	110	+
Kartoffeln mit Schalen	2	+	15	68	15	10	45	0,7
Kartoffeln ohne Schalen	2	+	19	85	19	13	60	0,9
Pommes frites (erhitzte)	4	8	34	220	.	9	86	1,8
Trockenkartoffeln	7	1	82	372	.	25	105	3,7

Der genießbare Teil von 100 g eingekaufter Ware enthält:

Lebensmittel	Eiweiß g	Fett g	Kohlenhydrate g	Energie: Calorien kcal	Mineralstoffe: Natrium mg	Calcium mg	Phosphor mg	Eisen mg
Hülsenfrüchte								
Bohnen, weiß	21	2	57	349	2	105	425	6,0
Erbsen, gelbe, geschält	22	1	59	359	29	44	290	5,0
Linsen	24	1	56	354	4	74	410	6,9
Sojamehl, vollfett (Sojaflocken)	37	21	26	469	4	195	555	12,1
Süßwaren								
Bienenhonig i. D.	+	.	81	305	7	5	20	1,3
Bierhefe, getrocknet	48	1	36	344	.	.	1900	17,6
Bonbons i. D.	1	+	94	390	.	.	.	.
Kakaopulver, schwach entölt	20	25	38	472	35	115	650	11,5
Marmelade i. D.	+	.	66	261	12	10	13	.
Pralinen i. D.	5	16	70	457	.	.	.	.
Vollmilchschokolade	9	33	55	563	58	214	240	3,1
Zucker	.	.	100	394	+	1	+	0,3
Gemüse								
Blumenkohl	2	+	2	17	10	13	35	0,4
Bohnen, grün (Schnittbohnen)	2	+	5	31	2	47	35	0,7
Champignons	3	+	3	22	6	8	105	1,7
Chicorée	1	+	2	14	4	23	25	0,7
Endiviensalat	1	+	2	13	41	42	40	1,1
Erbsen, grün	3	+	6	37	1	10	50	0,8
Erbsen, grün (Konserven)	4	+	11	66	145	22	65	1,8
Feldsalat (Rapunzel)	2	+	3	21	4	35	45	1,9
Gemüsekonserven i. D.	2	+	6	36	300	24	40	1,3
Grüne Bohnen, getrocknet	21	1	56	328	.	195	420	7,0
Grünkohl (Braunkohl)	2	1	3	23	21	108	45	1,0
Gurken, ungeschält	+	+	1	7	6	11	15	0,4

Der genießbare Teil von 100 g eingekaufter Ware enthält:

Lebensmittel	Eiweiß g	Fett g	Kohlenhydrate g	Energie: Calorien kcal	Mineralstoffe: Natrium mg	Mineralstoffe: Calcium mg	Mineralstoffe: Phosphor mg	Mineralstoffe: Eisen mg
Karotten, getrocknet	7	2	68	328	495	256	105	4,7
Kohl, getrocknet	14	2	69	355	.	374	275	4,7
Kohlrabi	1	+	3	18	7	51	35	0,6
Kohlrübe	1	+	6	29	8	39	25	0,4
Kopfsalat	1	+	1	10	5	15	25	0,4
Kürbis	1	+	4	20	1	15	30	0,6
Lauch	1	+	4	22	3	51	25	0,6
Meerrettich	2	+	8	40	5	56	35	0,7
Möhren (Karotten, Mohrrüben)	1	+	6	29	37	29	25	0,6
Paprikafrüchte, -schoten	1	+	4	22	1	9	20	0,6
Petersilie	3	+	6	37	20	147	75	4,8
Pfifferlinge (Rehling)	1	+	2	14	2	5	25	(3,9)
Radieschen	1	1	2	20	.	37	30	1,0
Rettich	1	+	3	15	14	25	20	0,6
Rhabarber	+	+	3	14	2	40	20	0,4
Rosenkohl	4	1	6	42	6	24	70	0,9
Rote Bete	1	+	6	29	67	23	35	0,7
Rotkohl (Blaukraut)	1	+	4	21	3	27	25	0,4
Schwarzwurzeln	1	+	9	41	3	30	40	1,9
Sauerkraut	2	+	4	26	355	48	45	0,6
Schnittlauch	4	1	8	55	3	167	75	13,0
Sellerie	1	+	5	28	56	50	60	0,4
Spargel	1	+	2	15	3	16	35	0,7
Spinat	2	+	2	18	48	83	35	5,2
Steinpilze	2	+	4	27	(5)	(7)	(90)	(0,8)
Steinpilze, getrocknet	20	3	44	283	14	34	640	8,4
Tomaten	1	+	3	18	6	13	25	0,5
Tomatenketchup	2	+	24	107	1 160	30	35	0,8
Tomatenmark	2	+	9	50	590	38	34	1,0
Weißkohl (Weißkraut)	1	+	3	19	10	36	20	0,4
Wirsingkohl	2	+	3	24	7	34	40	.
Zwiebeln	1	+	9	42	8	29	40	0,5
Zwiebeln, getrocknet	11	1	69	338	105	162	245	3,3
Lebensmittel pflanzlicher Herkunft								
Getreideerzeugnisse								
Biskuit	9	5	82	441	49	31	.	.
Brötchen (Semmeln)	7	1	58	278	486	24	110	0,6
Corn flakes	8	1	83	388	915	13	60	2,0

Der genießbare Teil von 100 g eingekaufter Ware enthält:

Lebensmittel	Eiweiß g	Fett g	Kohlenhydrate g	Energie: Calorien kcal	Mineralstoffe: Natrium mg	Calcium mg	Phosphor mg	Eisen mg
Eierteigwaren (Nudeln, Makk., Spaghetti u. ä.)	13	3	72	390	7	20	195	2,1
Gebundene Suppen mit Getreideerzeugnissen	10	10	61	385[2])	.	.	.	.
Gebundene Suppen mit Hülsenfrüchten	19	11	52	395[3])	.	.	.	
Gerstengraupen	10	1	74	371	5	14	190	(2,0)
Haferflocken	14	7	66	402	3	66	405	3,6
Kartoffelstärkemehl	1	+	83	361	8	35	5	1,8
Klare Suppen mit Einlagen	12	6	59	350[1])	.	.	.	.
Knäckebrot	10	1	77	380	460	55	320	4,7
Kuchen i. D.	7	13	39	314	.	80	100	1,0
Maisstärkemehl	+	.	87	367	.	+	30	0,5
Mischbrot (Roggen-Weizen)	7	1	52	252	.	20	145	1,5
Paniermehl	13	1	72	352	.	.	.	.
Puddingpulver	5	2	80	366	.	117	90	+
Reis, poliert	7	1	79	368	6	6	120	0,6
Roggenbrot	6	1	51	253	220	20	135	1,9
Roggenmehl, Type 1150	9	.	75	356	1	20	235	2,4
Roggenvollkornbrot	7	1	46	239	424	43	220	3,3
Vollreis	7	2	75	371	10	23	325	2,6
Weizengrieß	10	1	75	370	1	17	85	1,0
Weizenmehl, Type 1050	12	2	71	370	2	14	230	2,8
Weizenmehl, Type 550	11	1	74	370	3	16	95	1,1
Weizenvollkornbrot	8	1	47	241	.	95	263	2,0
Zwieback, eifrei	10	4	76	403	263	42	120	1,5

Trockenobst

Lebensmittel	Eiweiß g	Fruchtsäure	Kohlenhydrate g	Calorien kcal	Natrium mg	Calcium mg	Phosphor mg	Eisen mg
Apfelkompott	0,2	+	19	79	1	5	7	0,3
Äpfel	1,4	4	65	279	101	30	50	1,2
Aprikosen	5,0	+	70	306	11[1])	80	115	4,5
Feigen	3,5	1	61	269	40	191	105	3,3
Obstkonserven i. D.	0,5	+	20	84	5	10	14	0,8

Der genießbare Teil von 100 g eingekaufter Ware enthält:

Lebensmittel	Eiweiß g	Fruchts. g	Kohlenhydrate g	Energie: Calorien kcal	Mineralstoffe: Natrium mg	Calcium mg	Phosphor mg	Eisen mg
Pflaumen	1,9	2	59	249	7	35	60	2,0
Rosinen	2,3	1	64	271	144	31	.	2,7
Trockenmischobst i. D.	2,7	+	64	276	53	43	90	3,5

Obstsäfte

Lebensmittel	Eiweiß g	Fruchts. g	Kohlenhydrate g	Energie: Calorien kcal	Mineralstoffe: Natrium mg	Calcium mg	Phosphor mg	Eisen mg
Apfelsaft	+	1	11	44-70	5	7	7	0,3
Brombeersaft	.	2	8	35	.	40	70	0,5
Grapefruitsaft i. Dosen	1	.	10	30	1	8	15	0,3
Himbeersaft, gezuckert	+	1	69	286	.	20	10	.
Holundersaft	2	1	8	38	1	5	50	.
Johannisbeersaft, rot	0,4	1	12	50	+	7	7	0,3
Johannisbeersaft, schwarz	0,4	1	13	55	5	15	10	0,3
Orangensaft	1	1	10	47	1	11	15	0,2
Traubensaft	+	+	18	74	.	13	15	1,7
Zitronensaft	+	6	8	24	2	14	15	0,1

Alkoholische Getränke

Lebensmittel	Eiweiß g	Alkohol	Extrakt	Kohlenhydrate g	Energie: Calorien kcal	Mineralstoffe: Natrium mg	Calcium mg	Phosphor mg	Eisen mg
Eierlikör	3,8	13,4	7,4[4])	[3])	169	.	.	.	.
Malzbier, Malztrunk	0,6	1,1	10,4	[3])	52	.	.	.	.
Rotwein, deutsche Lage	.	8,5	2,6	0,1[2])	69	.	10	10	.
Sanddornbeerensaft	1		4	.	26	6	9	.	.
Trinkbranntwein	.	26,4	.	.	185	.	.	.	.
Vollbier, dunkel	0,4	2,4	3,5	[3])	33	.	4	25	+
Vollbier, hell	0,5	3,8	4,5	[3])	47	.	6	30	+
Weinbrand i. D.	.	31,4	.	.	220	.	.	.	.
Weißwein, deutsche Lage	.	7,6	2,3	0,1[2])	61	.	10	15	0,5

100 g Flüssigkeit entsprechen je nach Art der Flüssigkeit 96–97 Kubikzentimeter.

[1]) Mit Ascorbinsäurezusatz beträgt der Vitamin C-Gehalt 14 mg [2]) Zuckerfreier Extrakt [3]) Kohlenhydrate sind im Extrakt enthalten

Narben (s. Operationen, kosmetische)

Nase

Glänzende Nase:

Haben Sie eine fette oder Misch-Haut, behandeln Sie diese mit Azulen- oder Schwefelpuder (s. Gesichtspflege und Masken).
Essen Sie mit Maß. Meiden Sie für einige Zeit Schokolade, Süßigkeiten, fette und scharf gewürzte Speisen.
Unschöne Nasen können operativ eine neue Form bekommen (s. Operationen, kosmetische).

Rote Nase:

Die rote Nase hat die Angewohnheit, am Ende jeder Mahlzeit noch mehr zu erröten, denn sie tritt im Zusammenhang mit Verdauungsstörungen auf. Suchen Sie nach der Ursache und lassen Sie sich ärztlich behandeln (s. Couperose).
Nasen, die sich durch Kälte rot färben, gibt es häufiger. Streichen Sie am Abend Ichthyolsalbe auf. Schützen Sie die Nase vor Witterungseinflüssen durch gutes Make-up.
Wenn Sie genügend Geduld aufbringen und nicht sofortige Heilung erwarten, gibt es ein sicheres Rezept:

- Füllen Sie die Augenschale mit lauwarmem Rosenwasser. Baden Sie die Nase darin 5 Minuten lang, und zwar 14 Tage lang möglichst 1mal täglich.
- Massieren Sie die Nase jeden Abend mit einer Spezialcreme: Beide Zeigefinger legen Sie auf den Nasenrücken auf. Dann frottieren Sie die Nase mit entgegengesetzten Auf- und Abwärtsbewegungen eine Minute lang.
- Der Erfolg wird beschleunigt, wenn Sie gleichzeitig heiß-kalte Wechselbäder nehmen. Der Blutkreislauf wird dadurch unterstützt. Ein Wechselbad sollten Sie kalt beenden.

Nervosität

Nervosität schadet Ihrer Schönheit. Beherrschen Sie Ihre Nerven und damit die Situation. Sie bekämpfen Nervosität am besten mit Abreibungen (s. dort), mit vernünftiger Ernährung (s. dort) und ausreichendem Schlaf.

Machen Sie einmal wöchentlich eine Schlafkur von 10–12 Stunden.

Beginnen Sie in nervösem Zustand keine Abmagerungs- und Diätkuren. Sie nehmen in dieser Zeit ohnehin nicht zu. Gönnen Sie sich ruhig ab und zu kleine Süßigkeiten. Sie werden danach besser gelaunt sein.

Das Abendessen muß leicht sein und sollte mindestens zwei Stunden vor dem Schlafengehen eingenommen werden.

Essen Sie langsam, kauen Sie gut, sorgen Sie für gute Verdauung.

Üben Sie Selbstdisziplin. Kontrollieren Sie Ihre Bewegungen. Halten Sie Ihre Beine ruhig? Sitzen Sie bequem und mit Ihrem ganzen Körpergewicht auf dem Stuhl? Lösen Sie die Verkrampfung (s. Entspannung). Verzichten Sie vorübergehend auf Kaffee und Alkohol, meiden Sie Nikotin.

Ein bewährtes Schlaf- und Beruhigungsmittel:

- Einen Teelöffel Honig vor dem Schlafengehen langsam schlucken.
- Eine Tasse heiße Milch schluckweise trinken.
- Vor dem Schlafengehen einen Apfel essen.

Probieren Sie aus, was Ihnen am besten zusagt.

Wenn Sie kalte Füße haben, können Sie nicht einschlafen. Machen Sie ein Wechselfußbad heiß-kalt und beenden Sie dieses kalt.

Oft sind auch Ihre Augen überanstrengt. Legen Sie Augenkompressen auf (s. Augen).

Schlafen Sie bei geöffnetem Fenster. Ist der Lärm unerträglich, stopfen Sie sich, falls Sie es vertragen, Ohrenwachs in die Ohren oder öffnen Sie ein dem Lärm abgewandtes Fenster Ihrer Wohnung. Versuchen Sie, vor dem Einschlafen alle Sorgen zu vergessen!

O

Oberflächenmassage

Massagen mit Tiefenwirkung dürfen nur von Fachkräften durchgeführt werden.

Eine Oberflächenmassage machen Sie bei jedem Auftragen von kosmetischen Präparaten, auch wenn Sie die Creme noch so zart einstreichen.

- Die Haut darf auf keinen Fall gezerrt oder gedehnt werden.
- Wenn Sie noch nicht das nötige Feingefühl in den Fingerspitzen haben, klopfen Sie die Pflegemittel von unten nach oben ein.

Obst

Essen Sie täglich rohes Obst oder trinken Sie frisch gepreßte Fruchtsäfte. Sie führen dem Körper dadurch genügend Vitamine zu (s. Vitamintabelle).

Ohne ausreichend Vitamine im Körper ist weder Gesundheit noch Schönheit möglich.

Obsttag

Ein Obsttag wöchentlich ist ein ausgezeichnetes Entschlackungsmittel und führt Ihrem Körper wichtige Nährstoffe zu (s. Wochenendkuren).

Der Obsttag beeinträchtigt nicht Ihre Arbeitskraft. Sie können ihn daher auch durchführen, wennn Sie berufstätig sind. Am Wochenende können Sie diesen Diättag mit einem zweiten Diättag nach Wahl, Milchtag, Reistag usw., verbinden. Der Erfolg wird umso größer sein.

Essen Sie am Obsttag $1^1/_2$ kg Obst nach Belieben, ausgenommen Bananen, Brombeeren, Birnen und sehr süße Äpfel. Sie sind für diese Diät ungeeignet.
Bei großem Hunger dürfen Sie zwischendurch rohe Karotten knabbern. Wenn Sie sehr durstig sind, trinken Sie tagsüber höchsten 2–3 Tassen Kräutertee, vorzugsweise Pfefferminztee ohne Zucker.

Ohr

Wenn Sie ein hübsches Ohr haben, zeigen Sie es. Für ein weniger schönes Ohr finden Sie immer Möglichkeiten, es unter den Haaren zu verstecken.
Idealmaße des weiblichen Ohrs: etwa 6–7 cm hoch, etwa 3–3,5 cm breit
Ein schönes Ohr hat keine zu große Öffnung, der Ohrgang liegt etwas versteckt.
Abstehende Ohren werden ohne Schwierigkeiten operativ angelegt. Der Erfolg ist sicher. Die Operation dauert ca. 1 Stunde und erfolgt mit örtlicher Betäubung (s. Operationen, kosmetische).

Reinigen der Ohren:

Führen Sie keine harten Gegenstände in das Ohr ein. Reinigen Sie es mit Watte, die Sie mit etwas Babyöl beträufelt haben. Sie können mit der Watte bis zu einem Zentimeter in das Ohr eindringen.

Gefahren für das Ohr:

- Kälte
- Erkältungskrankheiten
- Plötzlicher Höhenabstieg
- Lärm

- Staub
- Häufiges Tauchen
- Ohrenwachs wird manchmal nicht vertragen. (Entzündungen!).

Ölbäder

Ellbogen:
Rauhen und verhornten Ellbogen sollen Sie öfter ein Ölbad gönnen. Füllen Sie zwei kleine Schüsseln mit angewärmtem Öl (Haut-, Vitamin- oder Olivenöl) und baden Sie dann die Ellbogen fünf Minuten oder länger darin. Bürsten Sie die rauhen Stellen und reiben Sie mit Bimsstein und warmem Wasser die Haut weich.
Zum Schluß werden die Ellbogen gut eingefettet.

Hände:

Trockene Hände brauchen jede Woche einmal ein Ölbad. Erwärmen Sie Olivenöl, Haut- oder Vitaminöl, gießen Sie es in eine Schüssel und baden Sie die Hände einige Minuten darin. Sie können dem Öl auch einige Tropfen Zitronensaft beifügen. Anschließend massieren Sie die Hände von den Fingerspitzen bis zum Arm und vergessen Sie dabei auch die Nägel nicht. Ziehen Sie alte lederne oder baumwollene Handschuhe über und entfernen Sie diese so spät wie möglich. Noch besser: Gehen Sie damit schlafen.

Ölmassage

Trockenes Haar wird 1–2mal wöchentlich mit Klettenwurzel- oder Rizinusöl massiert. Das Öl träufeln Sie mit einer Pipette auf die Kopfhaut und massieren diese mit beiden Händen fest durch.

Ölpackungen

Für das Haar:
Eine Ölpackung, mindestens eine Stunde vor der Haarwäsche aufgetragen, pflegt normales, trockenes, brüchiges und schuppiges Haar.
Sie können diese Kur zwei- bis dreimal im Monat wiederholen.
Anwendung:
Haar-, Vitamin- oder Olivenöl im Wasserbad erwärmen, auf Haare und Kopfhaut streichen und mit einem Kopftuch abdecken. Setzen Sie darüber ein Plastikhäubchen oder Ihre Badehaube auf und lassen Sie das Öl einziehen.
Achten Sie darauf, daß die Kopfhaut gut warm ist, damit die Wirkstoffe besser eindringen können. Wenn möglich, lassen Sie das Öl über Nacht einwirken, und waschen Sie am Morgen das Haar mit Kurshampoo.
Für den Hals:
Der Hals benötigt viel zusätzliches Fett. Machen Sie einmal wöchentlich einen Ölumschlag mit gut erwärmtem Muskel-, Vitamin- oder Olivenöl. Der Hals muß vorher gründlich gereinigt werden.
Über den Umschlag wickeln Sie ein feuchtwarmes Tuch, und das Ganze bedecken Sie mit einem Wollschal. Das Öl soll 30 Minuten einziehen.
Eine anschließende warm-kalte Wechseldusche verstärkt den Effekt. Der Hals wird anschließend eingefettet.

Operationen, kosmetische

Kosmetische Eingriffe sind heute weitgehend ungefährlich.
Wenn Sie sich einmal dazu entschlossen haben, warten Sie nicht, bis der Alterungsprozeß noch mehr fortgeschritten ist, der Erfolg ist nicht derselbe. Lassen Sie sich aber von einem Facharzt beraten.

Das sogenannte Face-lifting:

Diese Gesichtsstraffung wird häufig durchgeführt. Die Operation verjüngt um fünf bis zehn Jahre, hält bei gesunder Lebensweise und richtiger Pflege ca. 5 Jahre und kann immer wieder vorgenommen werden.
Die Vorbereitungen dauern eine Woche, notwendig ist ein Klinikaufenthalt von 5 Stunden, Bettruhe zu Hause müssen Sie 2 Tage einhalten. Örtliche Betäubung genügt.
Preis: ca. DM 3000,–.

Nasenkorrekturen:

Diese Operationen werden am häufigsten durchgeführt. Veränderungen am Weichteil der Nase sind einfach durchzuführen, Veränderungen am Knochen bringen aber wegen der damit verbundenen Beeinflussung der Atemwege Schwierigkeiten mit sich. Die Nasenform, 8–12 Monate nach dem Eingriff, verändert sich nicht mehr. Der Eingriff soll nicht vor dem vollendeten 18. Lebensjahr vorgenommen werden.
Preis: ca. DM 1000,– bis DM 1500,–.

Abstehende Ohren:

Abstehende Ohren anlegen ist gefahrlos und mit wenig Zeitaufwand verbunden. Mütter sollten Kinder mit diesem Schönheitsfehler ab dem 12. Lebensjahr zum Chirurgen schicken. Spott und damit verbundene Komplexe können dem Kind dadurch erspart bleiben.
Operationsdauer: ca. 50 Minuten bei örtlicher Betäubung. Auf die Dauer bleibt keine sichtbare Operationsnarbe.
Preis: ca. DM 500,–.

Lidoperation:

Tränensäcke und überhängende Hautfalten können operativ beseitigt werden. Nach diesem Eingriff können Sie sofort nach

Hause gehen. Es bleibt keine sichtbare Narbe. Dauer der Operation: ca. 1 Stunde.
Preis: ca. DM 500,– bis DM 800,–.

Narben:

Vernarbte Hautpartien infolge Krankheit oder Unfall können chirurgisch entfernt werden.

Längenwachstum:

Seit kurzem können bei zu groß Gewachsenen Knochenverkürzungen durchgeführt werden.

Brust:

Brustkorrekturen zählen zu den großen Eingriffen und sind nicht ganz ungefährlich. Sie werden unter Vollnarkose ausgeführt.

Orangen

Ein ausgezeichnetes Gesichtswasser aus Orangen können Sie selbst herstellen:
Mixen Sie $^2/_3$ frisch gepreßten Orangensaft mit $^1/_3$ Rosenwasser.

Orangenholzstäbchen

Sie werden zur Maniküre und zur Pediküre benützt und sind im Handel erhältlich.

Orangenmaske

Bei fettiger Haut legen Sie von Zeit zu Zeit eine Orangenmaske auf. Das Gesicht muß vorher gründlich gereinigt werden.
Rezept:
2 Eßlöffel Orangensaft mit 1/2 Eßlöffel Zitronensaft gut vermischen, auf Hals und Gesicht auftragen, 10–20 Minuten einwirken lassen, lauwarm waschen, kalt nachspülen.

P

Packungen (s. Masken und Packungen)

Regelmäßig, einmal wöchentlich eine Packung auf Gesicht und Hals aufgetragen, verzögert den Alterungsprozeß der Haut. Die Durchblutung wird angeregt, und der Haut werden von außen viele wertvolle Substanzen zugeführt.
Eine Schönheitspackung, einmal wöchentlich, ist das beste Vorbeugungsmittel gegen Faltenbildung (s. Masken und Packungen).

Packungen sind im Gegensatz zu Masken luftdurchlässig, cremig und erstarren nicht.

Beachten Sie vor der Anwendung folgende Punkte:
- Reinigen Sie vorher Gesicht und Hals gründlich.
- Wählen Sie eine Packung nach der Beschaffenheit Ihrer Haut.
- Tragen Sie die Packung nicht nur auf das Gesicht auf, sondern auch auf Hals und Dekolleté.
- Ruhen Sie sich mit der aufgelegten Packung im Halbdunkel aus, schalten Sie Ihr Gehirn ab.
- Halten Sie den Körper warm, damit die Wirkstoffe besser eindringen können.
- Beachten Sie die Gebrauchsanweisung und besonders die empfohlene Einwirkungsdauer.
- Waschen Sie die Packung lauwarm ab.

Parfüm

Anwendung:
Parfüm wird mit dem Flaschenstöpsel oder dem Finger hinter den Ohrläppchen, an den Schläfen, im Nacken und auf das De-

kolleté aufgetragen. Tupfen Sie auch in Kniekehlen und Armbeugen.
Wenn Sie ein Parfüm benutzen, müssen alle übrigen Kosmetikpräparate unparfümiert sein oder aber mit dem Duft Ihres Parfüms genau übereinstimmen.
Der Duft darf nicht aufdringlich sein. Auf keinen Fall darf man Sie meterweit riechen! Tupfen Sie mäßig auf. Es ist unfein und wird als störend empfunden, wenn der Duft so intensiv ist, daß er die Marke Ihres Parfüms verrät.
Stäuben Sie nie Parfüm auf die Kleider. Umwickeln Sie Ihre Kleiderbügel mit Watte und umnähen diese mit dünnem Stoff. Von Zeit zu Zeit besprühen Sie diese Parfümbehälter mit dem Duftwasser.
Parfüm ist ein idealer Badezusatz, wenn Sie sich selbst verwöhnen wollen (s. Bäder). Zwei bis drei Tropfen Parfüm, ins Badewasser geträufelt, erfrischen und machen Sie »duftfit« für den ganzen Tag.
Wechseln Sie Ihr Parfüm möglichst nicht. Aber benützen Sie ein Sommer- und ein Winterparfüm.
Vorsicht! Parfüm und Kölnischwasser im Sommer nicht auf Hautpartien tupfen, die der Sonne ausgesetzt sind. Sie verwandeln sich in häßliche braune Flecken.
Parfüm muß vor Luft und Licht sowie vor Hitze geschützt aufbewahrt werden.
Parfümieren Sie Ihre Wohnung mit Ihrem Parfüm, besonders wenn Sie Freunde erwarten. Ein oder mehrere Duft-Säckchen (etwas Watte in dünnen Stoff einnähen, eine Seite geöffnet lassen) verstecken Sie unter Couchkissen, in der Garderobe, und selbstverständlich befindet sich ein Duftsäckchen immer in Ihrer Handtasche.

Angebrochene Parfümflaschen:

Durch zwei quer übereinandergeklebte Heftpflaster werden angebrochene Flaschen am Auslaufen verhindert, das ist für die Reise besonders wichtig.

Leere Parfümflaschen:
Legen Sie diese geöffnet in Schrankfächer und Schubladen; eine Zeitlang verbreiten sie noch ihren Duft.

Parfümkauf

Beim Kauf eines neuen Parfüms verreiben Sie mit dem Stöpsel einen Tropfen auf dem Handrücken. Warten Sie drei Minuten, bis sich der Duft voll entfaltet. Dann erst entscheiden Sie sich. Machen Sie ruhig mehrere Duftproben, und lassen Sie sich nicht zum Kauf drängen. Nach vier geprüften Duftnoten ist Ihre Nase allerdings nicht mehr »zurechnungsfähig«.

Tips:

- Bitten Sie die Verkäuferin, das Parfüm Ihrer Wahl auf Ihre Handfläche zu sprühen und sagen Sie, Sie kommen am nächsten Tag wieder. Die Entscheidung wird Ihnen dann leichter fallen. Sie müssen mit dem Duft erst ein bißchen leben, um zu wissen, ob er der richtige ist.
- Lassen Sie sich durch ein hübsches Fläschchen nicht beim Kauf beeinflussen.
- Ihr Haus ist angenehm parfümiert, wenn Sie auf kalte Elektrobeleuchtung einen Tropfen Ihres Parfüms geben. Sobald Sie Licht anknipsen, bringt die Wärme den Duft voll zur Entfaltung.

Pediküre

Zusätzlich zur täglichen Fußpflege (s. Fußbäder und Fußpflege) sollen Sie Ihren Fuß einmal wöchentlich pediküren.

1. Tränken Sie einen Wattebausch mit Nagellackentferner und lösen Sie den alten Lack.
2. Schneiden Sie die Zehennägel kurz und gerade. Schneiden

Sie nicht an den Ecken, damit sich der wachsende Nagel nicht ins Fleisch frißt.

3. Feilen Sie die Nagelränder mit einer Sandblatt- oder Saphirfeile. Benützen Sie keine Feile aus Metall.
4. Massieren Sie Hautöl ein.
5. Nehmen Sie ein Fußbad in heißem Seifenwasser. Lassen Sie die Füße zehn Minuten in der Lauge. Reinigen Sie gleichzeitig mit einem Schwämmchen die Nägel.

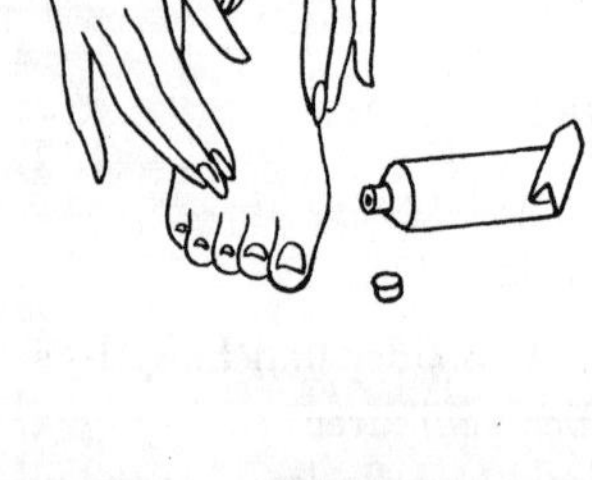

6. Bürsten Sie den Fuß und besonders die erhärteten Hautpartien.

7. Füße gut abtrocknen, und die Hornhaut mit Bimsstein oder dem Hornhauthobel abrubbeln.
8. Tragen Sie mit einem Orangenholzstäbchen, das mit Watte umwickelt ist, Nagelhautentferner auf und schieben Sie gleichzeitig die Nagelhaut zurück. Leicht zu lösende Haut entfernen Sie.
9. Massieren Sie in Fuß und Zehen Fettcreme ein.
10. Machen Sie etwas Fußgymnastik.

Wollen Sie jetzt die Zehennägel lackieren, beachten Sie bitte:

- Vor dem Auftragen von Nagellack muß der Nagel frei von Fett sein. Entfernen Sie alle Rückstände mit Watte und Alkohol.
- Stecken Sie vor dem Lackieren zwischen die einzelnen Zehen Watte.
- Tragen Sie einen Unterlack, den Farblack und einen Überlack auf.

Die wöchentliche Pediküre wird wirksam unterstützt durch Fußbäder mit Zusatz von Meersalz, Eichenrinde oder einem fertig gekauften Präparat.

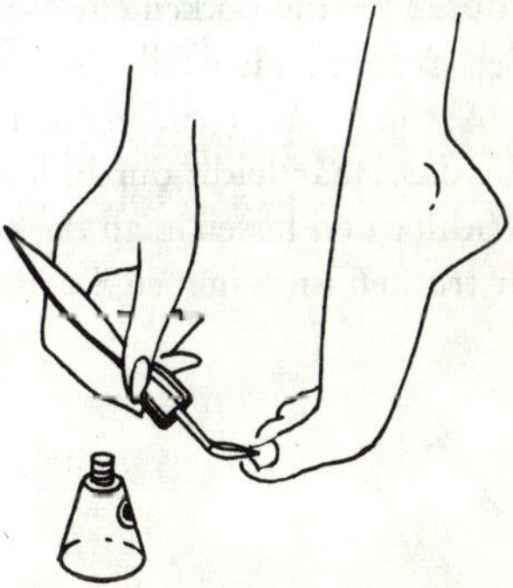

Peeling (s. Schälkuren)

Perücken und Haarteile

Perücken:

Perücken sind ideal für die berufstätige Frau und für Frauen, die oft ausgehen. Fehlt Ihnen die Zeit für den Friseur oder sind Sie überraschend eingeladen, können Sie trotzdem hübsch und gepflegt aussehen.

Haarteile:

Haarteile sind besonders praktisch für Urlaub und Wochenendfahrten. Mit einem Haarteil lassen sich verschiedene Frisuren zaubern.

Pflege:
Perücken und Haarteile brauchen Pflege, wenn sie immer tragbereit sein sollen:

- Basteln Sie sich ein kleines Köfferchen zurecht, in dem Sie die Perücke locker und staubfrei aufbewahren können. Sie können aber auch einen Perückenkoffer kaufen.
- Legen Sie die Perücke nach jedem Tragen kurze Zeit auf Wickler oder klipsen Sie die Locken ein.
- Waschen Sie Perücke und Haarteil nie mit Wasser, sondern spülen Sie es in Alkohol oder (feuergefährlichem!) Waschbenzin. Drücken Sie das Haar leicht durch, legen Sie es, ohne zu kämmen, auf Wickler und lassen es an der Luft trocknen.
- Wenn das Haar trocken ist, kämmen Sie die Frisur.

Pfefferminztee

Die Heilkraft von Kräutertees ist seit Jahrhunderten bekannt. Die Wirkung der Kräuter ist verschieden. Sie richtet sich nach der Anwendungsdauer, der Anwendungszeit und der Konzentration.

Eine Tasse Pfefferminztee, vor dem Essen getrunken, wirkt appetitanregend.
Ein heißer Kräutertrank nach dem Essen regt die Verdauungstätigkeit an und hilft bei Koliken.
Verwenden Sie für einen Liter Wasser 30 g Pfefferminzblätter.

Pflanzenöle

Weizenkeimöl und Mandelöl nähren die Haut und machen sie zart. Sie dringen tief in die Oberfläche ein und führen den Zellen lebenswichtige Vitamine und Nährstoffe zu.

Pickel (s. Mitesser, Akne, unreine Haut)

Pipette

Zum Aufträufeln von Öl oder Lotion auf die Kopfhaut ist die Pipette u. a. vortrefflich geeignet. Die Haare werden nicht naß, und die Frisur bleibt unverändert.
Die Pipette ist in Drogerien erhältlich.

Präparate, kosmetische

Nicht alle Markenpräparate sind für jede Haut geeignet. Haben Sie die Marke herausgefunden, die Ihrer Haut gut tut, so stimmen Sie die ganze Pflegeserie darauf ab.
Wechseln Sie das Präparat nicht zu oft, aber passen Sie die Stärke und Zusammensetzung Ihrer Haut an, die sich mit der Zeit verändert.
Wenn Sie ein neues Produkt kaufen, tragen Sie die kleinste Menge nach Hause. Es könnte sein, daß Ihre Haut das neue Pflegemittel nicht verträgt.

Puder

Ein makelloser Teint ist äußerst selten. Und auch dann gibt es Tage, an denen die Haut müde oder »irritiert« ist. Sie benötigen ein Make-up.

Tragen Sie Puder niemals ohne schützende Unterlage auf. Er soll transparent und um einen Farbton heller sein als die Teintgrundierung. Mit zwei Puderfarben lassen sich viele Gesichtskorrekturen vornehmen.

Puder wird mit Watte auf Stirn, Nase, Kinn über Wangen, Schläfe und Hals gleichmäßig aufgestäubt. Das Zuviel bürsten Sie mit der Puderbürste weg.

Im Winter aufgetragen, ist Puder ein schützender Mantel für die Haut.

R

Regen

Spaziergänge im Regen oder nach einem Gewitter beleben die Haut und führen ihr Feuchtigkeit zu.

Regeneration der Haut

Eine Neubelebung der Haut tritt durch vermehrte Durchblutung ein. Gesichtsdampfbäder, Masken und Packungen sowie Kompressen fördern die Durchblutung.
Empfehlenswert: Massagen, Bürsten, Gymnastik, Duschen und viel Bewegung in frischer Luft (s. unter den einzelnen Begriffen und bei Schälkuren).

Regenwasser

Das weiche Regenwasser ist ideal zum Waschen für Gesicht und Hals.

Reinigen der Haut

Nicht jede Haut verträgt eine Reinigung mit Wasser und Seife. Entfernen Sie Schmutz und Staub mit einer Reinigungsmilch, einem Reinigungsöl oder einer Waschcreme, je nachdem, welchem Hauttyp Sie angehören.
Streichen Sie das Reinigungspräparat in sanften, kreisenden Bewegungen ein. Warten Sie einige Minuten, wechseln Sie die Watte und nehmen Sie den Schmutz ab.
Dann träufeln Sie auf einen feuchten Wattebausch Gesichtslotion. Der Alkoholgehalt der Lotion muß auf die Beschaffenheit

Ihrer Haut abgestimmt sein (s. Hautpflege). Tupfen Sie mit der Watte das Gesicht ab, und nehmen Sie den letzten Rest der Reinigungscreme fort.
Jetzt ist Ihre Haut bereit zur Aufnahme pflegender und schützender Präparate.

Gesichtswasser zur Reinigung und Straffung:

Einen halben Liter 40%igen Alkohol tropfenweise in drei geschlagene Eiweiß einrühren und mit dem Saft einer viertel Zitrone vermischen (s. Orangen).

Reisen

Auch auf Reisen können Sie frisch aussehen. Trotz Müdigkeit, Staub und Hitze.
Ein kleines Make-up (s. Mini-Make-up) erlaubt Ihnen, das Gesicht ohne Schwierigkeiten auch dann zurecht zu machen, wenn das Make-up ein wenig »verrutscht« ist.

Augen:

Schützen Sie Ihre Augen mit einer Brille. Ist trotzdem ein Fremdkörper in das Auge eingedrungen, spülen Sie mit Augenlotion. Führen Sie zu diesem Zweck immer, wenn Sie auf Reisen sind, ein Fläschchen mit Augenlotion mit sich.
Auch am Morgen nach langer Fahrt sind Ihre Augen für diese Erfrischung besonders dankbar.

Haare:

Wenn Sie nachts reisen, schützen Sie Ihr Haar unter einem breiten Stirnband. Sie können darunter auch Klips und kleine Wickler verstecken. Wenn Sie das Band abnehmen, ist Ihre Frisur tadellos.

Parfüm:

Wenn Sie Parfüm oder Kölnischwasser benutzen, achten Sie darauf, daß Sie durch zu reichliches Besprühen nicht die Nasen der Mitreisenden belästigen.

Haut:

Die Haut ist der allergrößten Belastung ausgesetzt. Schützen Sie Ihre Haut mit einer guten Creme.
Gegen Verdauungsstörungen infolge Ernährungsumstellung, veränderten Essenszeiten, Ermüdung und Aufregung und die damit verbundenen Veränderungen der Hautoberfläche beugen Sie durch Maßhalten im Essen vor.

Körper:

Bewegen Sie sich, wann immer es möglich ist. Hält Ihr Zug 10 Minuten an, steigen Sie aus und marschieren Sie den Bahnsteig entlang. Als Autofahrerin sollten Sie die Pausen am Parkplatz zu einigen gymnastischen Übungen benützen.

Tip:

- Nach einer im Zug verbrachten Nacht befeuchten Sie ein Tuch mit kaltem Wasser und reiben Sie damit den ganzen Körper ab. Anschließend machen Sie eine kleine Ganzmassage mit Kölnischwasser. (Das Gesicht muß selbstverständlich frei bleiben.) Sie werden sich erfrischt fühlen wie nach einer erholsamen Nacht.

Ankunft:

Wenn Sie in Ihrem Hotel angekommen sind, reinigen Sie Gesicht und Hals gründlich. Duschen Sie ausgiebig, cremen Sie Ihren Körper mit einer erfrischenden Lotion, pflegen Sie das Gesicht mit einer Feuchtigkeitscreme und machen Sie anschließend einen Spaziergang durch die neue Umgebung.
Änderungen der Lebensgewohnheiten und klimatische Unter-

schiede können für die Haut nachteilig sein. Gewöhnen Sie den Körper langsam an die Umstellung. Halten Sie den ersten Tag Diät und achten Sie streng auf regelmäßige Verdauung.

Rizinusöl

Rizinusöl ist ein ideales Wimpernwuchsmittel. Es wird am Abend mit dem Wimpernbürstchen aufgebürstet.
Empfindliche Augen können durch Rizinusöl gereizt werden. Außerdem wird es bei trockenen Haaren angewendet (s. dort).

Rosmarinbad

Ein Rosmarinbad wirkt belebend und macht Müde munter. Es reinigt die Poren und macht die Haut glänzend und weich. Sie können sich aus einer Handvoll Blätter selbst einen Absud bereiten oder aber Rosmarin-Badezusatz flüssig oder in Pulverform in der Drogerie kaufen.

Rouge

Rouge in Stiftform, als Creme oder Puder ist ein Zauberstab in Ihrer Hand. Mit seiner Hilfe können Sie Form und Ausdruck Ihres Gesichts verändern.
Cremerouge und flüssiges Rouge tragen Sie auf die Teintgrundierung auf. Puderrouge wird auf das Gesicht mit dem Pinsel leicht aufgestrichen, nachdem Sie Transparentpuder aufgetragen haben. Übergänge dürfen nicht gesehen werden. Tupfen Sie das Make-up mit einem feuchten Wattebausch ab oder überstäuben Sie mit beigefarbenem Transparentpuder.
Regel: Eine Gesichtspartie, die in Erscheinung treten soll, tönen Sie hell, eine Partie, die optisch zurücktreten soll, wird dunkler geschminkt.

Beispiele:

Breites Gesicht:

Mit Make-up grundieren, von den Schläfen bis zum Kinn einen breiten Streifen Rouge auftragen, zur Gesichtsmitte hin verwischen.

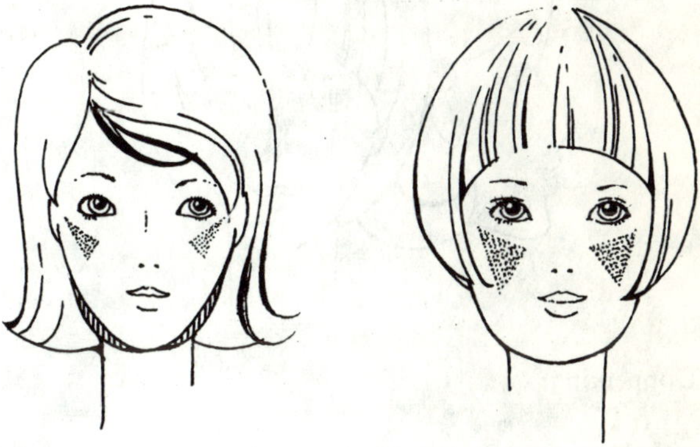

Langes, schmales Gesicht:

Rouge auf Stirnmitte und unterhalb der Backenknochen verteilen.

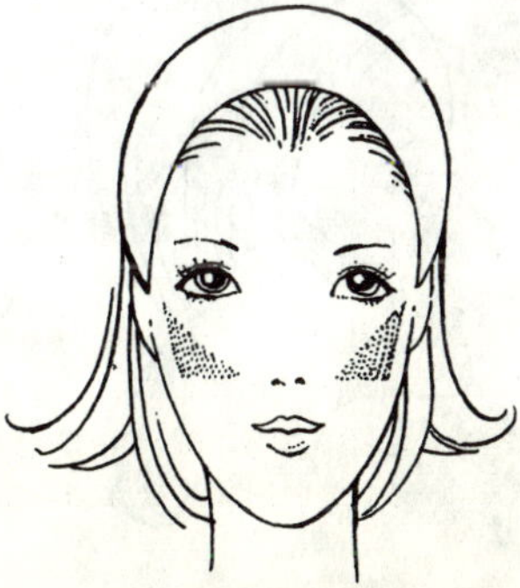

Nasenkorrekturen:

Bei zu kurz geratener Nase auf beiden Nasenseiten dunkles Rouge aufstreichen.

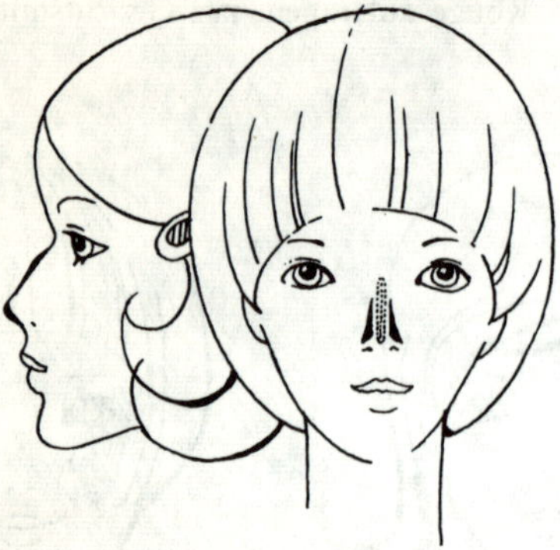

Ein Doppelkinn:

läßt sich verstecken. Rouge unter dem Kinn auftupfen und zum Hals verstreichen (s. Make-up).

Rücken

Halten Sie sich immer gerade! Durch einen gebogenen Rücken erscheinen Sie nicht nur um Jahre älter, Sie können auch gesundheitliche Schäden erleiden.

1. Die Lunge wird eingeengt, die Atmung gebremst.
2. Die Wirbelsäule verkrümmt sich.
3. Die Blutzirkulation ist behindert.

Auch Ihre Brust kommt durch eine schlechte Haltung nicht zur Entfaltung, der Hängebusen wird gefördert.

Jahrelange schlechte Haltung, ein gebogener Rücken, verursachen spätestens ab 40 Jahren vielerlei Beschwerden. Heilgymnastik wird vom Arzt verordnet, und in einigen Fällen kommt es sogar zum chirurgischen Eingriff.

Vorbeugung:

- Schlafen Sie auf einem flachen Roßhaarkissen.
- Wenn Sie Ihr Beruf an den Schreibtisch fesselt, bleiben Sie trotzdem nicht stundenlang unbeweglich sitzen. Stehen Sie auf, strecken Sie sich, steigen Sie einige Stockwerke hoch, machen Sie Atemübungen (s. Atmung, richtige).
- Schreibkräfte sollen einwandfreie Stühle haben. Die Höhe muß stimmen, und der Rücken soll sich bequem anlehnen können.
- Als Autofahrerin überprüfen Sie auch den Fahrersitz: Stimmt der Abstand zum Lenkrad? Können Sie sich während der Fahrt anlehnen? Wenn Sie zu tief sitzen, sorgen Sie für die richtige Sitzunterlage.

Übungen für die Wirbelsäule.

1. Stand, Beine spreizen, Oberkörper vorbeugen, Arme unter der Brust kreuzen und Körper wieder aufrichten.
2. Grätsche, Oberkörper waagrecht vorbeugen, beide Hände auf den Nacken legen, Arme und Ellenbogen parallel zum Boden halten.

3. Grätsche, Oberkörper neigen, mit der rechten Hand die linke Fußspitze und mit der linken Hand die rechte Fußspitze berühren, Oberkörper aufrichten.
4. Auf die Zehenspitzen stellen. Arme weit zurückwerfen, einatmen.

Alle Übungen wiederholen Sie insgesamt 20mal.

Rundlich

Hinter diesem Wort versteckt sich alles von mollig über dick bis fettleibig.

Kontrollieren Sie sich:

Teilen Sie die Zahl des tatsächlichen Körpergewichts durch die Zahl des Idealgewichts.

Sie müßten eine Zahl bekommen, die zwischen 0,0 und 1,1 liegt. Sie sind fettleibig, wenn die Zahl höher ist als 1,1. Sie wiegen um 10 kg mehr, als es Ihr Idealgewicht vorschreibt.

Die Fettleibigkeit birgt viele ernste Gesundheitsgefahren (s. Fettleibigkeit). Sie muß mit allen Mitteln bekämpft werden. Ergründen Sie die Ursache Ihrer Fettsucht.

Stellen Sie ein Programm auf, mit dessen Hilfe Sie langsam, aber sicher abnehmen (s. Abnehmen, Diät, Wochenende und s. Atmung).

Oft liegt die Ursache an zu reichlicher oder einseitiger Ernährung. Führen Sie Buch über alles, was Sie essen und trinken, und vergleichen Sie die Summe der verspeisten Kalorienzahl mit der Kalorienmenge, die Ihnen nach Alter, Körperbeschaffenheit und Tätigkeit in etwa zusteht (s. Kalorientabelle und Nährwerttabelle). Stellen Sie mit Hilfe der Nährwerttabelle einen gut ausgewogenen Speisenplan auf. Berechnen Sie die Kalorien so, daß Sie langsam abnehmen.

Vielleicht sind Sie ganz einfach deshalb rundlich, weil Sie

- zwischen den Mahlzeiten essen
- dauernd naschen und knabbern

- gern Alkohol trinken (Alkohol sättigt nicht, ist aber reich an Kalorien)
- gern viel essen
- Brot, Brötchen oder Kuchen lieben
- auf Saucen nicht verzichten können.

Es ist auch möglich, daß Sie durch schlecht ausgewogene Mahlzeiten dem Organismus nicht alle Nährstoffe zuführen, die er braucht. Diesen Mangel will der Körper dadurch decken, daß er große Portionen verschlingt und immer auf der Suche ist nach dem, was ihm fehlt.

Oder: Sie haben Heißhunger auf Süßigkeiten, Mehlspeisen und Backwaren und können an keiner Konditorei vorübergehen. Sie müssen immer eine Tüte Bonbons mit sich tragen.

Oft liegen seelische Ursachen zugrunde. Der Kranke ißt entweder dauernd, um sich zu trösten, oder er nimmt zu trotz normaler und gut ausgewogener Ernährung.

In schlimmen Fällen sollen Sie einen Psychiater zu Rate ziehen.

Auch die sitzende Lebensweise fördert die Fettleibigkeit. Sie haben zu wenig Bewegungsausgleich. Machen Sie Gymnastik, treiben Sie einen Sport. Der tägliche Spaziergang ist ein einfaches und sehr wirksames Mittel gegen überflüssigen Fettansatz. Durch richtige Atmung (s. dort) wird der Erfolg begünstigt.

S

Salz

Salz bindet Wasser im Körper! Verwenden Sie lieber viele andere Gewürze, dann können Sie auf Salz verzichten.

Fußbäder mit Meersalz oder grobem Küchensalz bringen müden Beinen Erleichterung und Linderung der Schmerzen.

Salzbäder

Sie sind ein Abmagerungsmittel und wirken entgiftend: Schütten Sie 1 kg Meersalz in das heiße Badewasser. Bleiben Sie ca. 30 Minuten in der Wanne, duschen Sie rasch mit warmem Wasser und schlüpfen Sie, ohne sich abzutrocknen, in Ihren Bademantel und in das mit vielen zusätzlichen Überdecken vorbereitete Bett. Sie werden sehr schwitzen, und das tut der ersehnten schlanken Linie gut!

Salzwasser

Abreibungen: Salzwasser-Abreibungen stärken den Körper und machen ihn topfit (1 Handvoll Salz auf 1 Liter Wasser).
Gurgeln: Mit Salzwasser gurgeln hilft vorbeugend gegen Halsentzündungen, wenn die Halsschmerzen noch nicht zu stark sind (1 Teelöffel Salz in 1 Glas Wasser).
Spülungen: Augenspülungen mit Salzwasser erfrischen und geben den Augen Glanz.

Sauerstoff

Sauerstoffmangel führt zu nervösen und physischen Störungen, von Schlaflosigkeit bis zur Erschöpfung.
Tanken Sie jeden Tag Ihre Ration Sauerstoff. Wenn Sie können, fahren Sie aufs Land, machen Sie eine Wochenend-Sauerstoff-Kur und verbinden Sie diese mit richtiger Atmung (s. dort).

Sauerstoffbäder

Diese Bäder werden als Heilmittel in bestimmten Fällen vom Arzt verschrieben. Sie sollen nicht ohne ärztliche Kontrolle genommen werden.

Sauna

Herzkranke und Kreislaufgestörte sollen vom Besuch einer Sauna absehen. Sie ist hingegen ein Heilmittel bei Rheuma und Hautunreinheiten. Sie fördert die Entschlackung und härtet ab. Die Temperatur beträgt zwischen 60–100° C.
Für Gesunde ist die Sauna ein Jungbrunnen. Der Körper schwitzt alle Giftstoffe aus. Sie können, je nachdem wie stark Sie schwitzen, bei einem einzigen Saunabesuch zwischen 500 Gramm und einem Kilo verlieren. Machen Sie aber nicht den Fehler, die verlorene Flüssigkeit sofort wieder zu ersetzen!
Wenn Sie in die Sauna gehen, müssen Sie sich Zeit nehmen. Zeit zum Ruhen auf den hölzernen Bänken im Schwitzraum, Zeit zum Duschen oder Schwimmen und hinterher Zeit zum Ausruhen.
Im Schwitzraum sollen Sie sich nicht länger als 5–10 Minuten aufhalten. Zum Ausruhen müssen Sie sich 30 Minuten Zeit nehmen.
Überstürzen Sie nichts. Beginnen Sie mit kleiner Dosis und steigern Sie langsam und ohne sich zu überanstrengen. Sie können schnell des Guten zu viel tun.

Schälkuren

Es gibt mechanische, biologische und chemische Schälkuren (Schälkur = Peeling).

Ein einfaches mechanisches Peeling erreichen Sie durch kräftiges Rubbeln Ihrer Haut. Sie reiben dabei die äußersten Hornschuppen ab. Die für die Kosmetik geeignetste Form der Hautschälung ist die biologische Schälkur. Sie wird mit Erfolg angewandt bei unterernährter, fetter, unreiner, schlecht durchbluteter, großporiger, faltiger und alternder Haut, bei Akne und Pigmentflecken.

Bei der biologischen Schälkur wird die Oberhaut im natürlichen Rhythmus der Hautregeneration abgetragen, ohne daß irgendwelche Schädigungen oder Reizungen eintreten. Die biologischen Wirkstoffe lösen die toten Hornschuppen von dem noch lebenden Gewebe. Der Prozeß geht nur langsam vor sich, und so rechnet man für eine Kur fünf Wochen mit zwei Behandlungen wöchentlich. Die biologische Schälkur regeneriert Ihre Haut nicht nur von Grund auf, sie macht sie auch besonders aufnahmefähig für spezielle Wirkstoffe. Lassen Sie sich deshalb von einer Fachkosmetikerin beraten, welche Präparate während einer biologischen Schälkur für Ihre Haut am geeignetsten sind, um den Erfolg zu erhöhen. Die biologische Schälkur können Sie ohne weiteres zu Hause durchführen.

Allgemeine Anwendung:

1. Gesicht mit einem fettfreien Präparat reinigen.
2. Mit feuchtwarmen Kompressen oder einem Dampfbad die Haut erweichen.
3. Schälmasse nach der Gebrauchsanweisung mit warmem Wasser anrühren.
4. Mit den Fingerspitzen, einem Pinsel oder Spachtel die Masse auf Gesicht und Hals auftragen und kreisend 3–5 Minuten einmassieren. Achtung: Augenpartie, Mund und Halsmitte freilassen.
5. 15–20 Minuten unter stetem Feuchthalten (feuchtwarme Kompressen) die Schälpackung aufliegen und einwirken lassen. Augen mit Kräuterlotion (getränkte Wattebäusche) bedecken.

6. Schälmasse mit feuchter Kompresse abnehmen.
7. Das Ihnen empfohlene Spezialpräparat auftragen und einklopfen. Eventuell kann man auch eine Vitamin- oder Nährpackung auftragen.

Chemische Schälkuren sollten nur von einem Fachmann vorgenommen werden (s. Akne).

Schielen

Das Schielen muß frühzeitig korrigiert werden, und zwar:

- durch Tragen einer Brille
- durch Augengymnastik
- eventuell durch Operation

Beraten Sie sich mit Ihrem Arzt.

Schlaf

Im Schlafen erholt sich der Körper. Er schöpft neue Energie und sorgt für das natürliche Gleichgewicht des Organismus.

Schlafstörungen oder zu wenig Schlaf können ernste Krankheiten zur Folge haben.

Ausreichender und gesunder Schlaf ist das beste Schönheitsmittel.

Tips für erholsamen Schlaf:

- Arbeiten Sie nicht bis zur Übermüdung. Ruhen Sie sich aus, bevor Sie die Grenzen der Kraft überschritten haben.
- Gehen Sie jeden Abend zur selben Zeit ins Bett, Sie müssen dann nicht lange wachliegen.
- Sehen Sie sich am Abend keine Fernsehkrimis an, wenn Sie merken, daß diese Ihren Schlaf schlecht beeinflussen.
- Machen Sie Gymnastik und Atemübungen.
- Bürsten Sie den ganzen Körper.
- Schlafen Sie bei geöffnetem Fenster.

Essen Sie abends nur leicht verdauliche Speisen. Die Verdauungszeit nachfolgend genannter Lebensmittel beträgt z. B.:

2	weiche Eier	1 Stunde
1	Joghurt	1 Stunde
100 g	Reis	1 Stunde
100 g	Kartoffeln	1 Stunde
150 g	geräucherten Fisch	2 Stunden
70 g	Brot	2 Stunden
100 g	Beafsteak	3 Stunden
150 g	Schinken	3 Stunden
250 g	Geflügel, gebraten	4 Stunden

Obst und Gemüse:

150 g	Kirschen	2 Stunden
150 g	Blumenkohl	2 Stunden
150 g	Spinat	3 Stunden
150 g	Tomaten, roh	3 Stunden
150 g	Äpfel, roh	3 Stunden
150 g	grüne Bohnen	4 Stunden
200 g	Erbsen, frisch	4 Stunden

Schlafschwierigkeiten:
Gegen nervösen Schlaf:
Vor dem Schlafengehen sollen Sie:

1. einen Apfel essen
2. einen Teelöffel Honig langsam schlucken
3. durch einige Wochen hindurch folgenden Brei essen:
   Geriebenen rohen Sellerie mit geriebenen Nüssen vermischen, Apfel, Zucker und etwas Sahne beimengen.

Schlaftrunk:

- Mischen Sie zu gleichen Teilen: Hopfen-Salbei-Kamillentee
- 1 Tasse Lindenblütentee, heiß getrunken, bereitet Sie zum Einschlafen vor.
- Majorantee beseitigt Angstzustände und Schlaflosigkeit:
  Menge: 1 Messerspitze Blätter und Blüten auf eine Tasse Wasser.

Was Sie noch tun sollen:
Machen Sie kalt-warme Abreibungen. Sie sind das beste Schlafmittel, oder nehmen Sie ein heißes Bad und gehen Sie anschließend gleich ins Bett.
Bekämpfen Sie Ihre Nervosität (s. dort).
Wälzen Sie auf keinen Fall am Abend noch große Probleme. Lassen Sie die Sorgen an der Schlafzimmertür zurück.
Wenn Ihre Schlafstörungen mehr als 14 Tage andauern, suchen Sie einen Arzt auf, um die Ursache zu finden.

Schlanksein ist keine Hexerei

Auch hier gilt: Vorbeugen ist besser als heilen. Täglich morgens und am Abend je 5 Minuten Gymnastik verhindern unnötigen Fettansatz und halten Sie beweglich (s. Gymnastik).
Ernähren Sie sich mäßig und richtig (s. Nährwerttabelle).
Schalten Sie Diättage ein (s. Wochenendkuren). Sorgen Sie für gute Verdauung (s. Verstopfung).
Machen Sie viel Bewegung, und treiben Sie Sport.

Gegen Fettansatz an Bauch und Hüften helfen:
- 15 Kniebeugen täglich
- 30 Min. Radfahren täglich
- 5 Min. Seilspringen täglich.

Schwimmen ist der ideale Sport zur Vorbeugung gegen Fettansatz.

Schmuck

Schmuck will sorgfältig gewählt sein, wenn Sie sich lange daran erfreuen sollen.
Prüfen Sie die Farbe. Harmoniert sie mit der Farbe Ihrer Augen und Ihrer Haut? Zu welcher Garderobe tragen Sie das Schmuckstück?

Auch die Größe und die Form eines Schmuckstückes sollen mit der Trägerin übereinstimmen. Für eine kleine Hand wählen Sie z. B. einen kleinen Ring.
Eine hübsche Form des Steines kann eine Hand um vieles verfeinern.

Schnelltips

- Schaummasken ersetzen die Tagescreme. Es genügt, sie aufzutragen.
- Für das Büro ideal ist eine Sprühmaske, die auch über das Make-up gesprüht werden kann.

Schönheit

Ärger macht häßlich. Ein billiges Zaubermittel, schön zu sein, ist das Lächeln. Üben Sie es. Suchen Sie die Freude, sie gibt Ihnen Gelegenheit dazu.
Schönheit will auch gelernt sein. Stellen Sie Ihren Hauttyp fest (s. Hauttest) und lernen Sie, die Pflegepräparate richtig anzuwenden. Tragen Sie die zu Ihrem Typ passende Frisur (s. dort) und das richtige Make-up (s. dort).
Haben Sie ein rundes, eckiges oder ovales Gesicht? Verschönern Sie Ihr Gesicht durch das richtige Make-up.
Wichtiger als jedes Härchen am richtigen Platz ist die Ausstrahlung. Stellen Sie sich positiv zum Leben ein, umgeben Sie sich mit guten Gedanken. Beherrschen Sie Launen, seien Sie freundlich zu jedermann und nehmen Sie sich Zeit für den Augenblick. Denken Sie nicht, Sie seien der Weltmittelpunkt.
Schönheitspflege muß durch gesunde Lebenshaltung unterstützt werden. Wenn Sie sich wohl fühlen, und wenn Sie gesund sind, strahlt Ihr Körper Schönheit aus.
Trinken Sie täglich Milch, eventuell Magermilch – in Pulverform aus dem Reformhaus – wenn Sie Angst haben, Fett zu speichern. Essen Sie viel Obst und Gemüse, möglichst roh, und nehmen Sie viel Eiweiß zu sich (s. dort).

Duschen Sie sich täglich. Eine kurze Dusche laugt die Haut weniger aus als ein Vollbad.
Tägliche Abreibungen durchbluten, kräftigen und unterstützen den Kreislauf. Zweimal wöchentlich sollen Sie sich trockenbürsten (s. Bürstenmassage). Massieren Sie dann Massage- oder Hautöl ein. Es kräftigt Ihren Körper und macht Sie widerstandsfähig.
Treiben Sie Sport, halten Sie sich viel in Luft und Sonne auf. Wenden Sie Wasser innerlich und äußerlich an. Atmen Sie richtig, schlafen Sie viel.

Schuppen

Unterscheiden Sie zwischen trockenen Schuppen und öligen Schuppen.

1. Trockene, graue Schuppen:
   Waschen Sie mit Antischuppen-Shampoo, spülen Sie gut nach, fönen Sie nicht zu warm.
   Wichtig ist tägliches Massieren mit Klettenwurzelöl oder Olivenöl. Das Öl tropfen Sie mit einer Pipette vorsichtig auf die Kopfhaut. Dann kneten Sie den Haarboden tüchtig durch.
2. Ölige, gelbliche Schuppen:
   Massieren Sie mit Brennesseltinktur, und waschen Sie mit Spezialshampoo. Wenn sich Ekzeme bilden, gehen Sie zu einem Hautarzt (s. Haar).

Seife

Die Seife bringt für die tägliche Schönheitspflege mehr Nachteile als Vorteile.

Gesicht:

Bei trockener und empfindlicher Haut Seife vermeiden. Seife begünstigt den Alterungsprozeß der Haut. Mit Seife gewaschene Haut verliert an Elastizität. Seife entzieht der Haut Fett und schützende Säure und überläßt sie schutzlos allen äußeren Einflüssen.

Nur sehr fettige Haut verträgt Seife zur Reinigung des Gesichts. Verwenden Sie aber auch dann nur kosmetisch hochwertige Seifen.

Spezialseifen bringen bei Akne Heilung (s. Akne).

Körper:

Nach jedem Einseifen duschen Sie den Körper gründlich, und spülen Sie den letzten Rest von Seife weg. Führen Sie der Haut anschließend Nahrung und Schutz zu. Massieren Sie eine Hautemulsion ein.

Sitzende Lebensweise

Dicke Beine, schwere Hüften und breites Gesäß sind Kennzeichen eines im Beruf viel sitzenden Menschen. Achten Sie mehr als jede andere Frau auf Ausgleich und Bewegung.

Übung:

Setzen Sie sich auf den Boden, strecken Sie die Beine, verschränken Sie die Arme und versuchen Sie jetzt, sich vorwärts zu bewegen, indem Sie immer ein Bein vor das andere setzen.

Machen Sie diese Übung jeden Tag zwei Minuten, und Sie werden das Fett schmelzen spüren (s. Sport, Gymnastik und Wochenendkuren).

Sommer

Schützen Sie Ihre Haut vor dem Austrocknen durch gute Sonnenschutzpräparate.

Trockene Haut:

Bei trockener Haut tragen Sie am Morgen eine Feuchtigkeitscreme auf Gesicht, Hals und Dekolleté auf, und anschließend lassen Sie eine Fettcreme einziehen.

Normale Haut:

Normale Haut schützen Sie mit Sonnenschutzmilch oder Sonnenschutzcreme.

Achten Sie auf Ihre Achselhöhlen. Sie dürfen keine Härchen zeigen. Entfernen Sie die Haare am Abend mit Enthaarungscreme, und am Morgen verwenden Sie ein Deodorant.

Ihre Beine müssen immer untadelig sein (s. Bein).

Nützen Sie die heißen Tage zu einer Schlankheitskur. Ihr Körper benötigt jetzt weniger Fett und Süßigkeiten (s. Abnehmen).

Pflegepräparate, Cremes, Tiegel und Töpfe sollen Sie in den Kühlschrank stellen. Das Ranzigwerden wird dadurch verhindert.

Kölnischwasser und Duftwasser dürfen Sie nicht auftupfen, wenn Sie in die Sonne gehen. Sie bleiben als häßliche Flecken auf Ihrer Haut zurück.

Sommersprossen

Sommersprossen können einem Gesicht individuelle Prägung geben und es besonders reizvoll erscheinen lassen. Sind Sie aber ein absoluter Gegner, so schützen Sie Ihr Gesicht mit einer Farb-Sonnenschutz-Creme, die die Sommersprossen zugleich abdeckt.

- Meiden Sie direkte Sonnenbestrahlung.
- Kaufen Sie keine Bleichmittel. Sie enthalten meist Quecksilber (s. Schälkuren).

Sonnenbäder

Sonnenbäder können Ihnen mehr schaden als nützen. Genießen Sie sie daher mit Vorsicht.

- Gewöhnen Sie sich langsam an die Sonne.
- Verwenden Sie Sonnenschutzmittel.
- Tragen Sie eine geeignete Sonnenbrille.
- Liegen Sie nicht bewegungslos am Strand. Wenn Sie sich bewegen, werden Sie außerdem schneller braun.
- Achten Sie auf gute Durchblutung des Körpers.
- Decken Sie Nase, Schultern und Oberschenkel mit einer guten Sonnenschutzcreme ab, sie sind besonders gefährdet (s. Bräunen).

Sonnenbrand

Der Sonnenbrand ist eine Hautentzündung, die dann entsteht, wenn die Haut zu wenig vom Hautpigment Melanin bildet.
Es helfen:
Umschläge mit rohen geriebenen Kartoffeln, Milchwaschungen und Zitronensaft. Am besten tragen Sie aber sofort ein Brand- oder Wundöl auf, das in keiner Haus- und Reiseapotheke fehlen sollte.
Bei leichtem Sonnenbrand:
Tragen Sie Azulen-Creme auf und anschließend Feuchtigkeitscreme.
Betupfen Sie die betroffene Partie mit einem Wattebausch, den Sie in Buttermilch getränkt haben.

Sonnenschutzmittel

Sonnenschutzpräparate gibt es in Form von Cremes, Gelees, Emulsionen = Milch, Ölen, Salben und fettfreien Flüssigkeiten. Sie enthalten Lichtschutzsubstanzen, welche helfen, die Haut vor den verbrennenden ultravioletten Strahlen zu schützen. Diese Substanzen sind in den einzelnen Präparaten in verschieden hohen Faktoren vorhanden. Am gebräuchlichsten sind Sonnenschutzfaktoren von 2–6. Schutzfaktor 6 bedeutet, daß er die natürliche Schutzfähigkeit der Haut um ein Sechsfaches steigert. Je sonnenempfindlicher Ihre Haut ist, umso höher müssen Sie den Schutzfaktor wählen. Achten Sie beim Kauf von Sonnenschutzmitteln darauf. Ein Sonnenöl enthält in der Regel einen weit niedrigeren Sonnenschutzfaktor als eine Emulsion. Sonnenschutzmittel müssen mehrmals am Tage aufgetragen werden.

Spiegel

Außerordentlich nützlich ist ein Spiegel in Körpergröße. Wenn Sie sich täglich mehrmals von Kopf bis Fuß sehen, vergessen Sie mit Sicherheit nicht Ihre Gymnastik, und auch die Kleider werden besser sitzen.
Sie wollen eine gepflegte Haut haben? Lernen Sie sie kennen. Ein Vergrößerungsspiegel deckt alle Hautunreinheiten auf.
Für die tägliche Pflege und das Make-up ist ein dreiteiliger Spiegel besonders vorteilhaft. Der Spiegel soll so angebracht sein, daß er genügend beleuchtet ist. Wählen Sie den Platz so, daß Sie, am Fenster sitzend, Ihr Make-up machen können (s. Make-up).

Sport

Die geistig-seelische wie die körperliche Gesundheit verlangt nach einem sportlichen Training. Es soll Ihrem Alter und den physischen Fähigkeiten angepaßt sein.
Der gesündeste Sport ist zweifellos

Das Spazierengehen:

Er ist auch der billigste Sport und für jedermann ohne Vortraining möglich.

- Gehen Sie mit bequemen Schuhen und, wenn möglich, weit ab vom Autoverkehr und von Abgasen.
- Ziehen Sie das Aufwärtsgehen dem Abwärtslaufen vor.
- Beginnen Sie mit einem einstündigen Marsch, legen Sie 2,5 km zurück. Am nächsten Tag verlängern Sie auf eine Stunde und eine halbe. Gehen Sie im selben Rhythmus. Dann beschleunigen Sie das Tempo, bis Sie am Ende 5 km in einer Stunde zurücklegen können.
- Kontrollieren Sie Zeit und Kilometerzahl, verlassen Sie sich nicht auf Ihr Gefühl.

Schwimmen:

Der Schwimmsport ist eine ausgezeichnete Vorübung zur Entspannung. Eine halbe Stunde Schwimmen kommt einer halben Stunde Atmen gleich. Schwimmen ist auch die beste Ganzmassage. Diese Sportart verjüngt Ihre Linie und verschönt die Brust. Gehen Sie mindestens zweimal wöchentlich zum Schwimmen.

Tennis:

Dieser Sport macht beweglich, den Gang locker und geschmeidig. Durch den vorwiegenden Gebrauch des Schlägers in der rechten Hand entwickeln sich die Armmuskeln einseitig.

Reiten:

Diese Sportart festigt die Energie, stärkt das Selbstvertrauen und ist ganz besonders für Schüchterne geeignet. Selbstkontrolle und Rücksichtnahme müssen geübt werden. Die Schüttelmassage ist ein Heilmittel für viele Krankheiten.

Bergsteigen:

Das Bergsteigen ist wie das Spazierengehen für den ganzen Körper gesund und empfehlenswert.

Tanzen:

Durch den Tanzsport verbessern sich Haltung und Gang, die Bewegungen werden locker und geschmeidig, die Beine schlank.

Alle diese Sportarten entschlacken, sie zwingen, richtig zu atmen, und sind ein ausgezeichnetes Muskeltraining.

Stimme

So wenig Sie sich auch dessen bewußt werden: Mit dem Klang Ihrer Stimme schaffen Sie eine Atmosphäre der Zuneigung oder der Abneigung um sich. Es ist nicht allein der Klang der Stimme von Bedeutung. Auch der Sprachrhythmus, die Betonung und Artikulation spielen eine Rolle.
Nur wenige Frauen strahlen zugleich mit ihrer Stimme Harmonie aus. Die Anziehungskraft einer schönen Stimme aber ist so groß, daß Stimm- und Telefonbegabte ohne sonstiges Können von Werbefirmen sehr begehrt sind.
Eine schöne weibliche Stimme ist weich, melodiös und nicht zu laut.
Machen Sie täglich Übungen von 10 Minuten Dauer zur Verbesserung Ihrer Stimme.

- Sprechen Sie jedes Wort langsam und deutlich, betonen Sie jeden einzelnen Buchstaben.
- Sagen Sie das Alphabet auf. Dann sprechen Sie nur die Selbstlaute und anschließend nur die Mitlaute.
- Lesen Sie laut die Zeitung.
- Hören Sie sich selbst zu, wenn Sie sprechen.
- Kritisieren und korrigieren Sie sich selbst.
- Benutzen Sie nach Möglichkeit ein Tonband.

T

Tabak und Teint

Nikotinmißbrauch ist schädlich für den Teint. Die Haut altert schneller, und es bilden sich vorzeitig Falten.

Teint und Diät

Eine Diät, die schönen Teint garantiert, ist die medizinisch anerkannte Bircher-Diät. Sie soll nur unter ärztlicher Kontrolle durchgeführt werden.

Die Hauptpunkte:

- Jede Mahlzeit enthält frisches Obst und Gemüse.
- Verboten sind: Salz, Gewürze, Kaffee, Tee und alle alkoholischen Getränke.
- Weißbrot, Zucker und Hülsenfrüchte sind nur in geringen Mengen erlaubt.
- Fleisch und Fisch sind verboten, in seltenen Fällen ist Grill- oder Bratenfleisch und sehr frischer Fisch erlaubt.

Die Ernährung besteht aus:

1. Frischem Gemüse, roh und in kleine Teile geschnitten oder geraspelt (als Marinade: Zitrone, Olivenöl und frische Kräuter), oder in Wasser gekocht und mit Butter oder Öl angerichtet.
2. Obst, ungekocht. Bananen sind nur mäßig erlaubt, Äpfel sollen nach Möglichkeit gerieben werden.
3. Teigwaren, Ei- und Milchprodukte in mäßigen Mengen.
4. Getränke: Wasser, Kräutertees mit Honig gesüßt.

Weltweit bekannt ist das Birchermüsli (s. dort).

Transpiration

Natürliche Schweißabsonderung sorgt für den Säureschutzmantel der Haut. Mit dem Schwitzen wird gleichzeitig die Körpertemperatur geregelt.
Fette Haut transpiriert mehr als trockene.
Seelische Erschütterungen, wie Aufregung, Angst und Schmerzen, aktivieren die Transpiration.

Sie können vermehrte Schweißabsonderung eindämmen:

- durch ein Seifenbad mit desodorierender Seife. Spülen Sie gründlich den letzten Rest von Seife herunter, und reiben Sie den Körper mit Kölnischwasser ab;
- durch möglichst fettarme Nahrung. Sie schwitzen weniger, wenn Sie fettarm essen;
- durch Einschränkung von Biergenuß. Meiden Sie auch alle heißen und sehr kalten Getränke.
- Für das Make-up verwenden Sie ein Spezialpapier. Tupfen Sie es vorsichtig auf das Gesicht auf, es saugt den Schweiß auf, ohne daß die Schminke verändert wird.

Entfernen Sie die Achselhaare mit Enthaarungscreme. Sie ist in allen Drogerien erhältlich.

Machen Sie Spülungen mit kaltem Wasser, sie vermindern die Schweißbildung. Verwenden Sie desodorierende Seife, sie wirkt antibakteriell.

Waschen Sie die Achselhöhlen mehrmals täglich mit lauwarmem Essigwasser:
Mischung: 1/4 Essig, 3/4 Wasser.

Anschließend abtrocknen und einpudern.

Auch Waschungen mit Kamillentee sind geruchbindend.

Verwenden Sie Deodorants in Form von Seife, Spray, Stift und Puder. Deodorants dürfen Sie nur auf die saubere, gut gereinigte Haut geben.

U

Übermüdung

Sie haben eine bestimmte Reserve an Energie, die Sie aber nicht ganz verbrauchen dürfen. Gehen Sie sparsam mit Ihren Kräften um. Wenn Sie das Gleichgewicht von Ruhe und Tätigkeit nicht halten und Ihre Energie verausgaben, kommt es zur Erschöpfung.
Müdigkeit vergeht, Übermüdung und Erschöpfung bleiben.
Müdigkeit ist ein natürlicher Zustand, der Hand in Hand geht mit großen geistigen, seelischen und körperlichen Anstrengungen.
Die Übermüdung aber ist eine Krankheit, die immer dann auftritt, wenn Sie die Grenzen Ihrer Kraft überschritten und die Energiequelle voll ausgebeutet haben.
Müdigkeit wird durch einige Stunden Schlaf oder einige Tage Erholung behoben. Übermüdung aber bleibt und bedroht das Gleichgewicht im Körperhaushalt.
Die ersten Alarmzeichen sind seelische Abgespanntheit und Depressionen.
Frauen mit Doppeltätigkeit Beruf-Haushalt sind besonders bedroht.

Beugen Sie vor:

- Lassen Sie Ihre Sorgen zu Hause, beschäftigen Sie sich nur mit Ihrer Arbeit und der anderen Umgebung.
- Überfordern Sie Ihre Kräfte nicht. Ruhen Sie sich aus, wenn Sie Lust dazu haben.
- Suchen Sie die Freude, wo immer Sie können. Freuen Sie sich auf ein gemütliches Abendessen, einen interessanten Fernsehabend oder auf das Wochenende.
- Nehmen Sie nichts zu wichtig. Vieles ändert sich von alleine nur durch den Ablauf der Zeit.

- Sagen Sie sich immer wieder, daß nichts so wertvoll ist wie Ihre Gesundheit.
- Meiden Sie Lärm.
- Schlafen Sie mindestens einmal wöchentlich 10–12 Stunden.

Unreine Haut
(s. Haut, Gesichtsdampfbäder, Masken)

Urlaub

Haare:

Nehmen Sie genügend Tücher oder Sonnenhüte mit. Sie schützen das Haar vor zu starker Sonnenbestrahlung. Mit einiger Geschicklichkeit sehen Sie auch mit schlecht sitzenden Frisuren darunter immer tadellos frisiert aus.
Eine Zweitfrisur im Urlaub schont das Haar und hilft aus Verlegenheiten (s. Perücken und Haarteile).
Vergessen Sie nicht den Mini-Haartrockner. Er paßt sich auch ausländischen Steckdosen an.
Packen Sie reichlich Kurshampoo ein.

Für die Haut:

Sonnenschutzmittel (s. Sonnenbäder und Sonnenschutzmittel)

Der ideale Urlaub:

Jeder Mensch hat seinen eigenen Lebensrhythmus. Leben Sie im Urlaub nach diesem Rhythmus.
Wenn Sie Ruhe und viel Schlaf brauchen und Waldspaziergänge lieben, lassen Sie sich nicht überreden, eine Europareise innerhalb von 6 Wochen zu machen.

Wenn Sie sich aber nur bei viel Lärm und Trubel um sich herum wohlfühlen, sollen Sie für Ihr Ferienziel keinen einsam gelegenen Bauernhof wählen.
Passen Sie sich wenigstens einmal im Jahr Ihrem individuellen Rhythmus an.
Jede Frau soll Zeit dazu haben, sich einmal im Jahr zwei bis drei Wochen völlig zu entspannen. In dieser Zeit sollen Sie Ihren Körper entschlacken, die Muskeln straffen und das Gewebe und für die Körperpflege besonders viel Zeit verschwenden.
Wenn Sie Urlaub auf dem Land machen, lassen Sie Ihre Haut ausruhen. Geben Sie nur eine leichte Schutzcreme darüber, und wenn es regnet, stülpen Sie eine Regenhaube über das Haar, und nehmen Sie eine Regendusche.

Unterkleider

Unterkleider geben dem Körper die gewünschte Form. Auch die Idealfigur ist zeitgebunden und ändert sich mit der Mode. Mit der richtigen Unterkleidung passen Sie sich ohne Schwierigkeiten den neuen Modeströmungen an.

V

Verdauung, schlechte

Mangelnde Verdauung ist ein Feind Ihrer Haut, Ihrer Figur und Ihres Aussehens. Sorgen Sie für regelmäßigen Stuhlgang. Suchen Sie die Ursache der Verstopfung.

Unterstützen Sie den Organismus bei der Verdauungsarbeit.
- Führen Sie ihm viel frische Luft zu.
- Schlafen Sie reichlich.
- Besuchen Sie einmal wöchentlich die Sauna.
- Sorgen Sie für Unterwassermassagen, zweimal wöchentlich.

In hartnäckigen Fällen trinken Sie:
- Nüchtern ein Glas lauwarmes Wasser oder Mineralwasser.
- Nüchtern ein Glas Sauerkrautsaft.
- Nüchtern eine Tasse sehr heißen Kaffee und unmittelbar darauf zwei Gläser mit kaltem Wasser. Legen Sie sich anschließend gut zugedeckt 10 Minuten auf die Couch – es gehört zur Therapie!

Am Abend vor dem Schlafengehen trinken Sie ein Glas Vollmilch und essen dazu eine Scheibe Vollkornbrot.
Weichen Sie über Nacht 6–7 Backpflaumen oder Feigen in einer Tasse abgekochtem Wasser ein. Essen Sie diese am Morgen nüchtern und trinken Sie den Saft.

Visagismus (Gesichtsgestaltung)

Ein guter Visagist kann ein Gesicht vollkommen verändern. Er wird geschickt alle Vorteile betonen und alles Störende verstekken. Versuchen Sie, Ihr eigener Visagist zu sein:
1. Betrachten Sie sich objektiv im Spiegel. Seien Sie nicht zu kritisch, Sie sollen sich aber auch nicht schmeicheln.

2. Bleiben Sie nicht an Kleinigkeiten hängen. Ein Fältchen oder ein Leberfleck beeinflussen kaum den Gesamteindruck des Gesichts.
3. Lösen Sie sich von Ihren Gewohnheiten.
   Wie wäre es mit einer neuen Lippenstiftfarbe oder mit einer neuen Brauenform? Ihre Frisur bedarf auch eines neuen Haarschnittes.
4. Folgen Sie nicht um jeden Preis der Mode. Berücksichtigen Sie in erster Linie Ihren Typ und Ihre Lebensgewohnheiten. Betonen Sie Ihre Persönlichkeit. Entdecken Sie sich selbst, und werden Sie auch äußerlich die Idealfrau. Verletzen Sie dabei aber nie die Gesetze der Harmonie.

Vitamine

Vitamine sind lebenswichtig. Ein Mangel in der Ernährung führt zu schweren gesundheitlichen Störungen.
Vitamin- und eiweißreiche Ernährung hilft bei Erschöpfungszuständen, Frühjahrsmüdigkeit und macht die Haut schön (s. Frühjahr).
Der Vitaminbedarf erhöht sich bei:

- körperlicher Arbeit
- rauchen
- Krankheit
- Seelischer Belastung
- Schwangerschaft und Stillzeit

Die tägliche Nahrungsmenge deckt nicht den Bedarf an Vitaminen, wenn sich dieser erhöht. Oft können die Vitamine von Ihrem Organismus nicht richtig ausgewertet werden. In diesen beiden Fällen sollen Sie zusätzliche Vitamingaben in Form von Tabletten, Kapseln, Pulver oder Bonbons zu sich nehmen.
Das für die Haut wertvollste Vitamin ist das Vitamin A, auch Schönheitsvitamin genannt. Vitamin A hilft unter anderem bei Hautunreinheiten und bei trockener Haut und sorgt für gesunden Haarwuchs.

Vitamintabelle

Vitamin	Häufiges Vorkommen	Kosmetische Bedeutung
A	Alle grün gefärbten frischen Blattgemüse, grüne Erbsen, Tomaten, Karotten, Beerenfrüchte, Vollmilch, Heringe, Lebertran, Butter, Eigelb	Wachstum, für die normale Funktion der Haut
B_1	Bierhefe, Getreidekeimlinge, Roggenbrot, Kartoffeln, Tomaten, Eigelb, Leber, Hülsenfrüchte und Schweinefleisch	Stoffwechsel, Haut, Blut, Gewebe und Nerven
B_2	Eigelb, Milch	Haut
B_6	Reis, Melonen, Hefe, Leber, Herz, Niere und Mais	Blutbildung, Nerven, Wachstum und Haut
B_{12}	Hauptsächlich in frischer Ochsenleber	Blutbildung, Nerven und Haut
PP-Faktor Nicotinsäureamid	Hauptsächlich in Ochsen- und Schweineleber, Weizenvollmehl, Reis, Kartoffeln, Milch	Verdauung und Haut
C	Rot- und Weißkohl, frisches grünes Gemüse, Hagebutten, Tomaten, Paprika, Karotten, Citrusfrüchte, Milch und Eigelb	Energie, Zahn und Knochenbildung, Blutgefäße, Infektionsabwehr
D	Lebertran, Heringe, Sprotten, Butter, Milch, Eigelb und Pilze	Knochenbildung, Zähne, Haare, Infektionsabwehr, gegen Schuppen
E	Getreidekeimlinge, Salat, Kresse, Orangensaft, Milch, Butter, Schweinefett und Eigelb	Nerven, Drüsen, Blutzirkulation

F	Leinöl, Leber, Niere, Milch, Käse und Spinat	Gegen trockene Haut, Haarausfall und brüchige Fingernägel
H	Leber, Niere, Eigelb Milch und Kartoffeln	Haut
K	Hefe, Leber, Niere, Kleie, Gemüse, Kartoffeln und Sojabohnen	Bluterneuerung
T	Hefe	Sonnenbrand und Frostschäden
P	Citrusfrüchte, Buchweizen, Paprikaschoten	Stärkt Blutgefäße

W

Wachs, Enthaarungswachs (s. Enthaaren)

Wangen (s. Gesichtsgymnastik)

Wassertreibende Mittel

Hausmittel:

- Essen Sie täglich eine frische Ananas.
- Schalten Sie einen Bananen-Buttermilch-Tag ein.
  Sie dürfen anstelle aller anderen Speisen 4 Bananen und einen Liter Buttermilch, den ganzen Tag über verteilt, zu sich nehmen.

Wassertreibende Tees:

1. Tee aus Maiskolben ist ein stark wirkendes Diuretikum. Die Wasserausscheidung verdreifacht sich.
   Rezept:
   35 g Maiskolben auf ein Liter Wasser kochen, ziehen lassen, heiß trinken.

2. Hagebuttentee.

3. Tee aus getrockneten Kirschstengeln.

Essen Sie jeden Tag eine rohe Zwiebel. Die Zwiebel fördert die Wasserausscheidung, Schwellungen gehen zurück oder verschwinden ganz.

Rezept:

300 g rohe Zwiebeln fein mahlen oder schneiden –
100 g Honig in 600 g Wein verrühren, bis er ganz aufgelöst ist –
Zwiebeln mit Honigwein gut mixen –
Täglich 3–4 Eßlöffel von diesem Trank einnehmen.

Wasserwelle (s. Frisur)

Weizenkeimöl (s. Pflanzenöle)

Wimpern

Die Länge und Dichte der Wimpern bestimmen zum großen Teil den Ausdruck eines Gesichts.

Pflege:

Bürsten Sie die Wimpern regelmäßig, mindestens einmal täglich von unten nach oben. Sie erhalten dadurch eine schöne Form. Die Wimpern werden lang und seidig, wenn Sie diese jeden Abend mit einem Spezial-Wimpernwuchsmittel behandeln.

Hausmittel zur Anregung des Wimpernwuchses:

1. Ein Teelöffel Rum mit 3 Teelöffeln Rizinusöl gut vermischen, Wimpern hiermit einreiben. Vorsicht, das Rizinusöl kann empfindliche Augen reizen!
2. Tragen Sie Vaseline mit der Wimpernbürste oder der Spitze des kleinen Fingers auf die Wimpern auf.

Um eine schöne Wimpernform zu erhalten, können Sie eventuell die Wimpern mit der Wimpernzange biegen und dann schminken. Verwenden Sie die Wimpernzange mit großer Vorsicht, damit die Wimpern nicht abbrechen.

Bei Verwendung künstlicher Wimpern kleben Sie höchstens je ein Büschel mit drei zusammenhängenden Wimpern zwischen Ihre eigenen Wimpernhaare. Das wirkt natürlicher.

Die Anwendung mittels eines automatischen Applicators ist sehr einfach und wird von den meisten Firmen angeboten.

Wenn Sie eine Wimpernreihe aufkleben, befeuchten Sie den oberen Rand mit einem Spezialklebemittel, dann legen Sie den Streifen bei halbgeschlossenem Lid über die natürliche Wimpernreihe auf. Drücken Sie zuerst in der Mitte auf und dann an den beiden Seiten.

Die Auswahl an künstlichen Wimpern ist groß. Die Skala reicht von kleinen Wimpern über klassische Wimpern, natürliche und zarte Wimpern bis zu samtigen und aufregenden Wimperhaaren. Für das Unterlid gibt es ebenfalls künstliche Wimpern, oder Sie malen mit dem Eyeliner kleine Striche auf. Sie dürfen nicht länger sein als die natürlichen Wimpernhärchen.

Kleine, sehr schnell zu befestigende Wimpern. Leicht für Ungeübte.

Klassische Wimpern. Doppelt dicht, sanft, natürlich.

Samtige Spitzen für einen weitgeöffneten Blick.

Natürlich-unregelmäßige Sternwimpern, die Ihre Augen vergrößern.

Zarte Strahlenbündel an einem unsichtbaren Band.

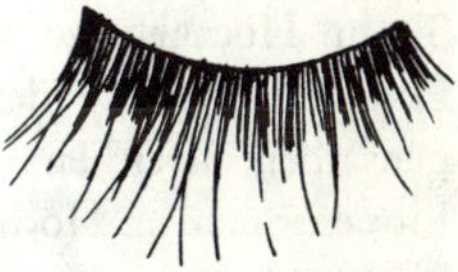

Ungleichmäßige, superlange Spitzen für einen besonders effektvollen Look. Die aufregendsten Wimpern von allen.

Wirbelsäule

Kopfschmerzen unbekannter Herkunft können einen Wirbelschaden zur Ursache haben. Schon beim Kleinkind sollen Sie auf eine gesunde Wirbelsäule achten.

Beugen Sie Wirbelsäulenschäden vor:

- Das Bett soll flach und möglichst hart sein. Alte Matratzen mit Vertiefungen geben Sie zur Müllverwertung.

- Stuhl und Tisch sollen im richtigen Verhältnis zueinander passen. Ihr Oberkörper soll sich bei Schreibarbeiten nicht zusammenkrümmen.
- Tragen Sie keine allzu schweren Taschen; wenn sich dies nicht verhindern läßt, sorgen Sie für die richtige Auslastung beider Seiten.
- Der Autositz soll nicht nur bequem, sondern auch gesundheitlich einwandfrei angebracht sein.

Bewegen Sie sich viel, gehen Sie schwimmen. Tägliche Turnübungen sollten Ihnen zur Selbstverständlichkeit werden.

Winterurlaub

Stundenlange Sonnenbäder sind schädlich für die Haut. Tragen Sie im Hochgebirge Sonnenschutzpräparate mit hohem Schutzfaktor auf. Verwenden Sie nur fetthaltige Lippenstifte und Lippensalben. Streichen Sie nachts eine Pomade auf.
Lippenschutz im Hochgebirge: Zinkpaste
Lippenschutz im Mittelgebirge: Lippenpomade.
Aufgesprungene Lippen behandeln Sie mit Hamamelissalbe, tragen Sie keinen Lippenstift auf.
Feuchtigkeitscreme verwenden Sie nur für das Haus. Schützen Sie die Hand und alle unbedeckten Hautpartien mit feuchtigkeitshaltiger Fettcreme, dann erst tragen Sie Teintgrundierung auf.
Massieren Sie den ganzen Körper mit Mandelöl ein. Verwenden Sie tagsüber nur pflegendes Make-up mit Lotion und flüssiger Teintgrundierung. Bei mildem Klima verwenden Sie Puder. Bei rauhem Klima wird die Haut von Puder zu sehr ausgetrocknet.
Am Abend dürfen Sie sich jedes Make-up anmalen: Schminke, Augen-Make-up, Lidschatten, künstliche Wimpern usw.
Kompressen erfrischen die Haut besonders im Winter.
Genießen Sie die Sonne nur in kleinen Mengen und steigern Sie langsam. Die Wintersonne ist doppelt so intensiv.

Wochenende

Ein Jungbrunnen für Sie kann das Wochenende sein, wenn Sie es zu einem Ruhe- und Luftbad nützen.
Machen Sie ein bißchen Bewegung, und gönnen Sie sich viel Schlaf (s. dort).
Nehmen Sie ein Luftbad im Morgengrauen. Gehen Sie leicht bekleidet 30 Minuten spazieren. Machen Sie eine Ganzabreibung, lassen Sie Dusche und Frühstück folgen.
Gesichtspflege: Kräuterdampfbad, mit Zitronensaft nachspülen, Schutzcreme, kein Make-up. Lassen Sie die Haut durchatmen.
Eine Stunde vor dem Mittagessen Gymnastik mit Ball, Reifen und Springseil. Nach dem Mittagessen sollte eine Ruhepause eingeplant sein. Am Nachmittag machen Sie einen langen Spaziergang.

Sorgen Sie für gesunde, gut ausgewogene Ernährung und frühe Bettruhe (s. Wochenendkur).

Wochenendkuren:

Wenn Sie berufstätig sind, wählen Sie das Wochenende zu einer Abmagerungskur. Bereiten Sie den Körper schon einige Tage vor, essen Sie weniger, dann wird es Ihnen nicht so schwer fallen. Die Wirkung ist auch umso größer.
Vermeiden Sie jede Art von Gewaltkuren. Sie verlieren vielleicht für immer Gesundheit und Schönheit, Ihre Fettpölsterchen aber kommen wieder.
Achten Sie während der Kurtage auf Ganzheitskörperpflege und treiben Sie Gymnastik (s. Gymnastik), insbesondere Gesichtsgymnastik (s. dort). Sie können dadurch der Erschlaffung der Gesichtsmuskeln vorbeugen, die in dieser Zeit besonders anfällig sind.
Wählen Sie die Kur, die Ihrem Organismus am besten zusagt, oder noch besser: Wechseln Sie mit der Diät ab.

1. Zweitagekur:

Samstag früh: 1 Knäckebrot, mit wenig Butter bestrichen, 1 weiches Ei, 1 Glas Orangen-Zitronen- oder Grapefruit-Saft.

Vormittags: 1 Joghurt.

Mittags: 1 mageres Steak, gegrillt oder in wenig Fett gebraten, grüner Salat mit Zitrone und wenig Öl angemacht oder mit Joghurtmarinade.

Nachmittags: 1 Glas Orangen-Zitronen- oder Grapefruit-Saft.

Abends: 2 harte Eier, Tomatensalat mit Petersilie, 1 Glas Magermilch (Magermilch in Pulverform ist im Handel erhältlich).

Sonntag: Drei Mahlzeiten aus 250 g Magerquark, als Beilage:

- 1 geriebenen Apfel, 1 Knäckebrot,
- 1 Glas Orangensaft, 1 Knäckebrot,
- 1 Kompott nach Belieben, 1 Knäckebrot,
- 1 Banane

nach Wahl.

Rezept: Quark mit etwas Milch zu einem Brei rühren, nicht zukkern.

Tagsüber: 1 Glas Apfelsaft.

2. Zweitagekur:

Samstag: Insgesamt 3 Pfund rohes Obst nach Belieben, auf 5 Mahlzeiten verteilt: morgens: 1 Apfel, vormittags: 250 g Weintrauben, mittags und nachmittags: Obst nach Belieben. Vor dem Schlafengehen: 1 Apfel.

Sonntag: 1 1/2 Liter Obst- und Gemüsesaft im Wechsel, auf 6 Mahlzeiten verteilen.

Machen Sie während der Wochenendkur keine anstrengenden Arbeiten. Kauen Sie die Speisen gut, essen Sie langsam, ruhen Sie sich mittags mindestens eine Stunde aus, machen Sie anschließend einen langen Spaziergang. Atmen Sie richtig, gehen Sie früh zu Bett, und betreiben Sie sorgfältige Körperpflege.

Körperpflege:

Am Morgen: Bürstenmassage, Gymnastik, Duschen, Einreiben mit Öl oder Emulsion.

Am Tag und am Abend: Feuchtigkeitscreme, eventuell zusätzlich Fett- oder Nährcreme.
Lüften Sie Ihr Gesicht, tragen Sie kein Make-up auf. Dafür legen Sie eine Nähr- oder Feuchtigkeitsmaske auf.

3. Zweitagekur:
Samstag: 4 Bananen und 1 Liter Milch auf 4 Mahlzeiten verteilt.
Sonntag: Nach Wahl 1½ kg Weintrauben oder Äpfel auf den ganzen Tag verteilt.

4. Eintagskuren:

A. Milchtag
1½ Liter Milch – Buttermilch oder Vollmilch, abwechselnd auf drei bis fünf Mahlzeiten verteilen.

B. Obsttag
1½ kg Obst, nach Belieben auf 3 bis 5 Mahlzeiten verteilen. Mittags ist zusätzlich eine Scheibe Vollkorn-Knäcke erlaubt.

C. Safttag
1 Liter Obst- oder Gemüse-Saft, auf drei bis fünf Mahlzeiten verteilen.

D. Reistag
200 g Reis in 2 Liter kaltes Wasser geben, ohne Salzzusatz ca. 15 Minuten kochen lassen, auf ein Sieb schütten, mit kaltem Wasser spülen.
Reis mit Apfelmus in drei bis fünf Mahlzeiten essen. Ein Reistag sättigt, wirkt verdauungsfördernd und wassertreibend.

E. Kartoffeltag
Professor Somogyi (Schweiz) empfiehlt einen Kartoffeltag pro Woche. Ein Kilo gekochte Kartoffeln wird ohne Beigabe, auf zwei Mahlzeiten verteilt, gegessen.
Die Kartoffel enthält: Vitamin C, B_2, B_1 und A, Kohlehydrate,

Fett und Eiweiß und die Mineralstoffe Kalium, Phosphor, Kalzium und Eisen.
Sie hat ein großes Sättigungsvermögen.

Mixed-Kur für drei Tage:
1. Tag: Milchtag siehe oben.
2. Tag: Viermal drei Orangen am Tag.
3. Tag: Drei leichte Mahlzeiten ohne Beigabe von Kartoffeln und Mehlspeisen.

Z

Zähne

Das tägliche Zähneputzen vor dem Schlafengehen soll selbstverständlich sein. Putzen Sie die Zähne täglich dreimal: am Morgen und am Abend, und wenn Sie zuhause sind, auch mittags nach dem Essen. Eßreste werden losgelöst, der Atem rein und der Mund erfrischt. Kaufen Sie zwei Zahnbürsten. Verwenden Sie immer nur eine trockene Bürste zur Reinigung.
Gegen Zahnbelag bürsten Sie die Zähne mit Spezialcreme mindestens 4 Minuten täglich. Putzen Sie die Zähne nicht nur waagrecht, sondern besonders senkrecht, und zwar jeden Zahn einzeln von der Wurzel zur Krone hin. Überwachen Sie die Zeit z. B. mit einer Eieruhr oder dem Kurzzeitwecker!
Tägliches Bürsten ist das beste Vorbeugungsmittel gegen Karies. Benutzen Sie die Zähne zum tüchtigen Kauen. Auch so beugen Sie Karies vor. Beißen Sie vor dem Schlafengehen langsam einen Apfel, das tut auch Ihrer Gesundheit gut.
Zur Stärkung der Zähne und Durchblutung des Zahnfleisches: Essen Sie viel rohes Gemüse, Karotten, Kohlrabi, alle Obstsorten und Vollkornbrot.
Kalzium und Vitamin C sollen Sie in Zeiten großer körperlicher Beanspruchung (Schwangerschaft) zusätzlich zu sich nehmen. Essen Sie möglichst wenig Süßigkeiten, denn Zucker fördert Karies. Gehen Sie mindestens zweimal jährlich zum Zahnarzt.
Ihr Lächeln ist Ausdruck Ihrer Persönlichkeit. Pflegen Sie den Mund und besonders die Zähne. Sie müssen gesund und sauber sein.

Hausmittel:
Die Zähne werden strahlend weiß, wenn Sie sie einmal wöchentlich mit Kochsalz putzen.
Öftere Kochsalzverwendung kann für den Zahnschmelz schädlich sein.

Zahnbürste

- Verwenden Sie eine harte Zahnbürste.
- Die Form der Bürste soll leicht gebogen sein, sie kann sich an das Gebiß besser anschmiegen.
- Wechseln Sie die Zahnbürste alle zwei Monate.
- Benutzen Sie immer nur eine trockene Bürste (s. a. Zähne).
- Tauchen Sie die Zahnbürste nie in heißes Wasser.
- Bevor Sie die Bürste aufbewahren, reinigen und spülen Sie diese gründlich.

Zahncreme

Die Auswahl an Zahncremes ist sehr groß:

- Rote Zahncreme sollen Sie nur verwenden, wenn Sie sehr solide Zähne haben, und auch dann nicht öfter als einmal wöchentlich, der Zahnschmelz könnte angegriffen werden.
- Zahnpasta mit Fluor verhindert die Bildung von Karies.

Zahnfleisch

Zur Erhaltung eines gesunden Zahnfleisches bürsten Sie es täglich tüchtig bei jedem Zähneputzen mit.

Zeit und Schönheit

Auch wenn Ihnen nur sehr wenig Zeit zur Verfügung steht, können Sie trotz Beruf und Haushalt immer gepflegt sein, vorausgesetzt, daß Sie ein gut durchdachtes Programm aufstellen: Berufstätige Frauen, die zusätzlich einen Haushalt führen, sind trotz der Doppelbelastung meist diejenigen, die der Körper- und Schönheitspflege größte Aufmerksamkeit schenken.

Um Zeit zu sparen und trotzdem hübsch auszusehen, sollen Sie:

- einmal im Monat zum Friseur gehen. Es wird Ihnen hernach leichter fallen, das Haar zu kämmen und zwischendurch selbst zu waschen
- einmal im Monat großen »Hautputz« machen mit Reinigung, Gesichtsdampfbad, Klopfmassage usw. Legen Sie anschließend eine Ölkompresse auf
- einmal im Monat mindestens in die Sauna gehen.

Einmal wöchentlich waschen Sie die Haare. Vorher streichen Sie eine Haarkur oder Eipackung auf.
Einmal wöchentlich nehmen Sie 30 Minuten Zeit zur Maniküre und 30 Minuten zur Pediküre.
Zweimal wöchentlich nehmen Sie ein Vollbad, eventuell mit Kräuterzusatz oder duftenden Essenzen.
Zweimal wöchentlich wird der Nagellack erneuert.

Jeden Tag:

Täglich, nachdem der Wecker abgelaufen ist, strecken Sie sich im Bett, nach 5 Minuten stehen Sie auf.
Danach machen Sie 5–10 Minuten lang Gymnastik, kämmen die Haare leicht durch und nehmen das Frühstück ein. Lassen Sie sich Zeit beim Früstück.
Anschließend nehmen Sie eine Kurzdusche und machen Ganzabreibungen, dann massieren Sie die Haut mit Feuchtigkeitspräparaten oder Hautöl, vergessen Sie die Beine nicht, Sie brauchen dafür insgesamt 7 Minuten.
Jetzt beginnen Sie Ihr Make-up, und während Sie die einzelnen Präparate einziehen lassen, kleiden Sie sich an. Beginnen Sie bei den Strümpfen, dann beenden Sie Ihr Make-up.

Zitrone

Die Zitrone wird auch als Schönheitsmittel benutzt. Sie fördert die Durchblutung, macht die Haut hell und weich und beruhigt sie. Reiben Sie Gesicht und Hals mit dem Saft einer halben Zitrone ein, lassen Sie diesen 10 Minuten einwirken, waschen Sie kalt nach.

Zitronenbad

Dieses Bad beruhigt und macht die Haut weich.
Gießen Sie den Saft von 5–6 Zitronen dem Badewasser zu.
Den Gesichtsmasken einige Tropfen Zitronensaft beigefügt unterstützt den Verschönerungseffekt.

Zitronen-Augenbad

Geben Sie jeden Morgen einige Tropfen Zitronensaft in die Augenwanne und füllen Sie mit lauwarmem Wasser auf. Dann baden Sie zuerst das eine, dann das andere Auge. Es ist ein ausgezeichnetes Stärkungsmittel und macht die Augen glänzend.

Zucker

Zucker schadet nicht nur den Zähnen, sondern dem ganzen Organismus. Zur Verarbeitung des Zuckers im Körper benötigt der Organismus Vitamin B_1 und B_2.
Zucker, im Übermaß genossen, ist oft mit Vitaminmangel verbunden. Zucker verwandelt sich im Körper in Fett.

Zunehmen

Wenn Sie zunehmen wollen, müssen dem Körper mehr Nährstoffe zugeführt werden, als er an Energie verbraucht. Das ist aber nur möglich, wenn er fähig ist, die überschüssigen Kalorien zu lagern und daraus neue Zellen zu bilden.
Gehen Sie zu einem Arzt. Suchen Sie nach der Ursache Ihrer Magersucht (s. dort). Vielleicht läßt sie sich mit Medikamenten beheben.

Trinken Sie appetitanregende Kräutertees:

1. Thymian-Tee
2. Pfefferminztee.
   Vor den Mahlzeiten getrunken, wirkt Pfefferminztee appetitanregend, nach dem Essen hat er eine verdauungsfördernde Wirkung.

Magersucht ist oft verbunden mit Nervosität und Mangel an Vitalstoffen. Sorgen Sie für genügend Vitamine.
Vitamin A hilft Ihnen, das Eiweiß voll auszunutzen; essen Sie reichlich Leber.
Vitamin B mindert Beschwerden des Nervensystems. Geben Sie in alle Getränke 1 Teelöffel Bierhefe.
Vitamin C schützt vor Übermüdung und vor Infektionen: Essen Sie reichlich Gemüse, Kohl, Kresse, Spinat, Petersilie und Zitrusfrüchte.
Vitamin PP ist notwendig für die empfindliche Haut. Es ist enthalten in Leber, Bierhefe, Rindfleisch, Pfirsichen und Datteln.
Erhöhen Sie die Ihnen zustehende Kalorienmenge. Bei Verdauungsbeschwerden nehmen Sie mehrere Mahlzeiten zu sich.
Wenn Sie durch Krankheit an Gewicht verloren haben, finden Sie in kurzer Zeit Kraft und Normalgewicht wieder, wenn Sie die tägliche Eiweißmenge – Fleisch, Eier, Milch usw. – um wenigstens 10 g im Verhältnis zur üblichen Ration erhöhen. Ihre Nahrung muß reich an Nährstoffen und leicht verdaulich sein.

Wenn Sie keinen Appetit haben und das der Grund der Magersucht ist, richten Sie die Speisen schön an, essen Sie mit dem Auge. Täglich erhöhen Sie die Kaloriennorm um 300 Kalorien, bis Sie einen Tagessatz von 5000 Kalorien erreichen. Das ist nicht schwer, und Sie müssen Ihren Magen nicht überladen, wenn Sie Lebensmittel wählen, die reich an Kalorien sind (s. Kalorientabelle und Nährwerttabelle).
Achten Sie auf geregelte Verdauung, wechseln Sie mit langen Ruhepausen ab. Luftwechsel und Massagen fördern die Eßlust. Knabbern Sie zwischen den Mahlzeiten Nüsse, Salzstangen, Datteln, Bananen und Trockenfrüchte. Essen Sie Kompotte, Marmelade, Honig, Butterbrote, naschen Sie Kuchen und Schokolade. Trinken Sie viel Milch und gezuckerte Obstsäfte. Die Mahlzeiten reichern Sie an mit Butter und Sahne, Nudeln, Brot und Käse.

Mixen Sie folgende Cocktails:

1. 1 Glas Milch – 1 Eigelb – 1 Teelöffel Honig
2. Saft von zwei Orangen, zwei Teelöffel Milchpulver, 1 Teelöffel Honig

Hausmittel:
Wann immer Sie Lust dazu haben, knabbern Sie an einer Tafel Schokolade und trinken Sie dazu ein Gläschen Rotwein.

Tips zum Zunehmen:

- Trinken Sie eine Stunde vor dem Mittagessen stark gezuckerten Fruchtsaft.
- Essen Sie ein reichhaltiges Frühstück auf englische Art: Fleisch-Schinken-Eier, Zucker-Milch-Haferflocken, Butter und Marmelade.
- Trinken Sie im Laufe eines Tages eine Dose Kondensmilch.
- Ruhen Sie sich nach jedem Essen aus.
- Schlafen Sie sehr viel und lange.

Tapetenwechsel und Luftveränderung bewirken manchmal überraschende Gewichtszunahme.

Weitere interessante Titel

Das ist Yoga! ht 82*
Von Boris Sacharow
140 Seiten, illustriert
Eine Einführung in die Yogalehre mit praktischen Anweisungen. Danach kann jeder die Übungen ausprobieren und selbst betreiben. Dem Autor geht es um eine reine, von aller Schwärmerei befreiten Lehre.

Vitamine bauen uns auf ht 154 **
Von Heinz Scholz
191 Seiten, farbig illustriert
Was Vitamine sind und wie sie entdeckt wurden, welche Funktionen sie haben, wie sie die Gesundheit erhalten und wie man sich ernähren sollte, das finden Sie alles in diesem Buch.

Essen wir uns krank? ht 196 **
Von Dieter Menninger und Gottfried Gülicher
221 Seiten
Gesundheitsschädigende Eßgewohnheiten werden aufgedeckt. Wie man unter den heutigen Lebensbedingungen gesund und leistungsfahig bleiben kann, zeigen Ihnen die Autoren.

Haushaltstips – vielbewährt! ht 213 **
Von Rita Danyliuk
205 Seiten, illustriert
Alle wichtigen Tips, von A bis Z übersichtlich geordnet, finden Sie in diesem modernen, praktischen Haushaltshelfer.

* = 2,80 DM, ** = 3,80 DM

ht humboldt-taschenbücher